Vom Sozialplan zur Transfergesellschaft

Förderinstrumente einer flexiblen und sozialverträglichen Arbeitsmarktpolitik in der deutschen Stahlindustrie

Die Publikationen der Reihe Arbeit im Umbruch entstanden im Rahmen des transnationalen Projekts **Job Transfer Europe** mit der Förderung durch das Land Nordrhein-Westfalen und die Europäische Unio (Gemeinschaftsinitiative ADAPT).

Herstellung: Libri Books on Demand
ISBN: 3-8311-0174-4

VORWORT

Die Eisen- und Stahlindustrie steht in den kommenden Jahren vor Umstrukturierungs- und Flexibilisierungsprozessen, die ohne weiteren Personalabbau nicht umzusetzen sein werden. Aus gesetzlichen und demographischen Gründen können die traditionellen Mittel des Personalabbaus - Vorruhestand und Abfindungszahlungen - nicht mehr im notwendigen Maße genutzt werden.

Dieser Bericht, der in enger Zusammenarbeit mit dem Fachausschuss „Vermittlungs-, Qualifizierungs- und Beschäftigungsgesellschaften (VQB)" bei der Hans-Böckler-Stiftung erarbeitet wurde, will Möglichkeiten aufzeigen, wie Sozialplanmittel für beschäftigungsfördernde, auf den Arbeitsmarkt orientierte Maßnahmen eingesetzt werden können. Dazu werden zunächst herkömmliche Sozialplanregelungen auf ihre mobilitätsfördernden Ansätze untersucht, dann die Arbeit von Transfergesellschaften an Fallbeispielen beschrieben und bewertet und abschließend gefragt, welche Unterstützungsstrukturen Transfergesellschaften brauchen, um erfolgreich agieren können.

Beim vorliegenden Text handelt es sich um Ergebnisse einer Studie, die bereits in zwei Broschüren („Transfergesellschaften weiterentwickeln - Betrieblicher und strukturpolitischer Ansatz" und „Förderinstrumente einer flexiblen und sozialverträglichen Arbeitsmarktpolitik") bei der Hans-Böckler-Stiftung veröffentlicht worden sind. Für diese Veröffentlichung wurde der Text überarbeitet und zusammengefasst. Im Material-

3

teil werden wichtige Ergebnisse der Zusammenarbeit mit dem Fachausschuss „Vermittlungs-, Qualifizierungs- und Beschäftigungsgesellschaften (VQB)" dokumentiert. Dazu gehört eine umfangreiche Literaturliste zu Mobilitätsförderung und Transfergesellschaften

Neben der Unterstützung durch die Hans Böckler-Stiftung wäre diese Studie ohne die im Rahmen des Projektes JobTransfer Europe erhaltene Unterstützung durch die Europäische Union (Gemeinschaftsinitiative ADAPT) und das Land Nordrhein-Westfalen nicht möglich gewesen.

JobTransfer Europe ist ein - als eingetragener Verein organisiertes - Netzwerk von 14 Organisationen aus zehn Ländern mit dem Ziel, nationale Erfahrungen und arbeitsmarktpolitische Instrumente auszutauschen und gemeinsame Ansätze einer frühzeitigen und unternehmensnahen Arbeitsmarktpolitik zu entwickeln. Themenschwerpunkte des Projektes waren von 1998 bis 1999 Mobilitätsförderung für ArbeitnehmerInnen, Entwicklung von Diagnoseinstrumenten für Kleinbetriebe, Zugänge zu Kleinbetrieben, sowie die Verbreitung von Wissen in Netzwerken.

In diesem Zusammenhang gehörte es zu den Aufgaben der pragma gmbh, fünf Fallstudien zu verschiedenen arbeitsmarktpolitischen Themenfeldern zu erarbeiten. Alle Studien werden im Verlauf des Jahres 2000 in der Reihe „Arbeit im Umbruch" (siehe Anhang) erscheinen.

Neben den Mitgliedern des Fachausschusses - insbesondere dessen Sprecher Heinz Jürgen König - gilt ein besonderer Dank den MitarbeiterInnen des Zweigbüros der IG- Metall in Düsseldorf für ihre kritischen Anregungen.

Den 13 europäischen Partnerorganisationen danken wir für den kreativen Gedankenaustausch, den MitarbeiterInnen der G.I.B. - Gesellschaft

4

für innovative Beschäftigungsförderung gGmbH und des Versorgungsamtes Gelsenkirchen für die kompetente und kollegiale Beratung, dem Ministerium für Arbeit, Soziales und Stadtentwicklung, Kultur und Sport des Landes Nordrhein-Westfalen und der Kommission der Europäischen Gemeinschaft für die finanzielle Unterstützung.

Bochum, im April 2000

INHALT

I EINLEITUNG

Der sich fortsetzende Strukturwandel führt zu weitreichenden gesamtwirtschaftlichen Umstrukturierungsprozessen, in denen Großbetriebe zu weltweit operierenden Mega-Konzernen fusionieren und sich dabei zunehmend auf die Kernbereiche ihres wirtschaftlichen Handelns konzentrieren. Geschäftsfelder außerhalb dieser Kernbereiche werden abgespalten. Kleinere und mittlere Unternehmen gewinnen so hinsichtlich der Schaffung neuer Arbeitsplätze eine immer größere Bedeutung. Die Umorientierung weg von der Produktion und hin zu Dienstleistung und Kommunikation ist unverkennbar. Innerbetriebliche Umstrukturierungsprozesse, wie z.B. die Einführung von Gruppenarbeit und die Konzentration der Betriebe auf ihre Kernaufgaben, führen einerseits zum Abbau von Arbeitsplätzen, insbesondere im Bereich der an- und ungelernten Arbeitskräfte, andererseits aber auch zum Mangel an ausgebildeten Facharbeitern[1] nicht nur in den stark expandierenden Branchen, wie zum Beispiel der Kommunikationstechnik und der elektronischen Datenverarbeitung, sondern auch in der industriellen Fertigung.

Diese Wandlungsprozesse so zu gestalten, dass die Wettbewerbsfähigkeit der Unternehmen erhalten bleibt und den Beschäftigten eine größtmögliche soziale und finanzielle Sicherheit geboten wird, bedeutet eine

---

[1] Mit geschlechtsspezifischen Funktionsbegriffen sind immer Funktionsträger beiderlei Geschlechts gemeint. Dies soll der Lesbarkeit dienen. Eine Diskriminierung ist damit nicht beabsichtigt

9

Herausforderung, die mit den herkömmlichen Mitteln der Arbeitsmarktpolitik und der Wirtschaftsförderung allein nicht zu bewältigen ist.

In der Montanindustrie besteht eine lange Tradition, notwendige Anpassungsprozesse ohne betriebsbedingte Kündigungen zu gestalten. Hierzu sind in der Vergangenheit immer wieder entsprechende Vereinbarungen zwischen den Betriebspartnern getroffen worden.

In der Eisen- und Stahlindustrie, die bei der Entwicklung von Sozialplänen zur sozialverträglichen Personalanpassung eine Vorreiterrolle gespielt hat, sind in den vergangenen Jahrzehnten arbeitsmarktpolitische Instrumente entwickelt worden, die stark durch die Montanmitbestimmung geprägt waren. Aber auch in anderen Branchen sind in den letzten Jahren neue Wege einer sozialverträglichen Personalanpassung beschritten worden. Nachdem ein Ausscheiden über Vorruhestandsregelungen, aufgrund der demographischen Struktur der Belegschaften in der Eisen- und Stahlindustrie, und über Abfindungsregelungen, aufgrund der hohen Kostenbelastung für die Unternehmen und den derzeit ungeklärten gesetzlichen Rahmenbedingungen, an Bedeutung verlieren, nimmt die Arbeit von Transfergesellschaften[2], in solchen Umstrukturierungsprozessen an Bedeutung zu. Diese, oft zeitlich befristeten und rechtlich selbständigen Organisationsformen, werden in Krisen- oder auch Insolvenzfällen, und nachdem alle anderen Möglichkeiten der präventiven und frühzeitigen Beschäftigungsintervention ausgeschöpft sind, gegründet, um freigesetzte oder von Arbeitslosigkeit bedrohte Beschäftigte aufzufangen, neu zu orientieren, zu qualifizieren und in neue, möglichst zukunftssichere Ar-

---

[2] Als „Transfergesellschaften" sollen hier alle Organisationen bezeichnet werden, die sich zeitlich befristet oder auf Dauer mit der Beratung, Qualifizierung, Vermittlung oder Beschäftigung von arbeitslosen bzw. von Arbeitslosigkeit bedrohten Arbeitnehmern befassen. Andere Bezeichnungen, wie z.B. „Beschäftigungs-, Qualifizierungs und Vermittlungsgesellschaft" erscheinen nicht mehr zeitgemäß.

beitsverhältnisse zu vermitteln. Unter dem Stichwort „Aktivierung von Sozialplanmitteln" leistet auch die Arbeitnehmerseite einen zunehmenden Beitrag zu diesen beschäftigungsfördernden Maßnahmen.

Auch die herkömmlichen Instrumente einer sozialverträglichen Personalanpassung enthalten in Ansätzen bereits mobilitätsfördernde und aktivierende Elemente. Deshalb werden in dieser Studie zunächst bestehende Sozialpläne auf ihre aktivierenden Elemente hin untersucht. Anschließend wird die Arbeit von Transfergesellschaften (Vermittlungs-, Qualifizierungs- und Beschäftigungsgesellschaften) beschrieben und diese auf ihre Erfolgs- bzw. Misserfolgsfaktoren überprüft. Aus diesen Erkenntnissen werden Vorschläge entwickelt, die dazu beitragen sollen, künftige Maßnahmen des Personalabbaus in der Eisen- und Stahlindustrie konfliktarm und sozialverträglich zu gestalten. Darüber hinaus wird gefragt, welche regionalen und überregionalen Unterstützungsstrukturen notwendig sind, um eine effektive Arbeit der Transfergesellschaften zu gewährleisten.

2 GESETZLICHE UND DEMOGRAPHISCHE RAHMENBEDINGUNGEN

Wenn sich die Steuerung von Personalanpassungsprozessen in der Eisen- und Stahlindustrie verändert und neben die herkömmlichen, in Sozialplänen und Interessensausgleichen vereinbarten Abfindungs- und Vorruhestandsregelungen, das neue Instrument „Transfergesellschaft" tritt, dann liegt dies auch darin begründet, dass sich in den letzten Jahren die gesetzlichen und demographischen Rahmenbedingungen verändert haben. Im folgenden sollen einige Punkte benannt werden, welche die traditionelle Personalanpassung über Sozialplanregelungen künftig schwieriger machen.

Abfindungszahlungen

Nach der AFG-Reform 1997 sollten Abfindungszahlungen auf die Hälfte des Arbeitslosengeldes angerechnet werden (§140 SGB III). Ein grundsätzlicher Freibetrag von 25% sollte sich nur bei älteren Mitarbeitern und bei längerer Betriebszugehörigkeit sukzessive bis auf 50% erhöhen lassen. Diese Neuregelung ist inzwischen von der neuen Bundesregierung ausgesetzt worden[3] und es ist noch nicht abzusehen, wie die Anrechnung von Abfindungszahlungen auf das Arbeitslosengeld künftig geregelt wird.

---

[3] Im Verlauf der Gespräche zum Bündnis für Arbeit hat Bundesarbeitsminister Walter Riester am 18.01.99 im Gespräch mit Gewerkschaftsvertretern diese Regelung bis zu einer umfassenden Neuregelung ausgesetzt. (vgl. DIE WELT, 19.1.1999) Bis zur Drucklegung dieses Arbeitspapiers (Frühjahr 2000) sind keine weiteren Regelungen getroffen worden.

Der sozialverträgliche Personalabbau durch Abfindungszahlungen verliert durch Anrechnung oder zusätzliche Besteuerung der Abfindung an Attraktivität für die Arbeitnehmer. Deshalb gewinnen Regelungen an Akzeptanz, bei denen die Abfindungssummen nicht direkt an die Betroffenen ausgezahlt, sondern für einen begrenzten Zeitraum als Kapitaleinlage zur Förderung von Maßnahmen der Qualifizierung und der Wiedereingliederung in den Arbeitsmarkt eingesetzt werden (Aktivierung von Sozialplanmitteln).

Die Höhe der Abfindungsleistungen führt außerdem zu einem Substanzverlust in den Unternehmen, wodurch Maßnahmen der Umstrukturierung und der Sicherung noch vorhandener Arbeitsplätze zusätzlich behindert werden.

Vorruhestandsregelungen

Neben der Zahlung von Abfindungen waren Vorruhestandsregelungen ein vorrangiges Mittel des Personalabbaus in den bisherigen Interessenausgleichen und Sozialplänen der Eisen- und Stahlindustrie („Goldener Handschlag").

Die bisherigen Vorruhestandslösungen beruhten auf einer Kombination von Lohnersatzleistungen nach dem AFG, betrieblichen Aufstockungszahlungen und vorzeitigem Rentenbezug mit 60 Jahren bei Arbeitslosigkeit. Dies hat dazu geführt, dass insgesamt nicht einmal 30 Prozent der Neuzugänge in Altersrente die Regelaltersgrenze von 65 Jahren erreicht hat.

13

Basierend auf Beschlüssen der alten Bundesregierung, sollten die Rente nach Arbeitslosigkeit ohne Abschlag mit 60 Jahren, die flexible Altersgrenze (Männer 63 Jahre / Frauen 60 Jahre) sowie die Frühverrentung unter Inkaufnahme eines Abschlages (z.B. Rente mit 60 = Abschlag von 18%) stufenweise abgeschafft werden[4]. Hier haben die Vorstöße der IG-Metall im Bündnis für Arbeit für eine neue Diskussion gesorgt. So ist zur noch Zeit[5] fraglich, ob neue Wege einer Verrentung vor der Regelaltersgrenze von 65 Jahren (evtl. unter Inkaufnahme eines Abschlages) gefunden werden

Wenn auch die Rentenpolitik der neuen Bundesregierung hier aller Voraussicht nach weitere Veränderungen bringen wird (Stichwort: „Rente mit 60"), muss zunächst davon ausgegangen werden, dass diese Form des Personalabbaus in Zukunft teurer und somit schwieriger einzusetzen sein wird.

Alter der Belegschaften

Bei der Betrachtung des Altersaufbaus der Belegschaften in der Eisen- und Stahlindustrie (siehe Abb.1) ist darüber hinaus zu erkennen, dass dieses Instrument auch aufgrund nachlassender Personalstärke in den älteren Jahrgängen in dieser Branche seine Wirksamkeit einbüßt.

---

[4] Vgl. Deutscher Gewerkschaftsbund (Hrsg.): Wenn Personalabbau droht - Beschäftigungshilfen
bei betrieblichen Krisen, Düsseldorf, 1998, S. 57
[5] März 2000

Abb. 1   Beschäftigte in der Eisen- und Stahlindustrie 1997 nach Alter[6]

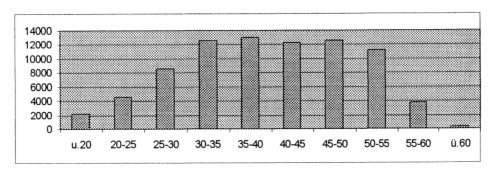

Die Jahrgänge der über 60 Jahre alten Mitarbeiter (362) und 55-60 Jahre alten Mitarbeiter (3805) sind bereits so ausgedünnt, dass Vorruhestands- (wie auch Altersteilzeitregelungen) wahrscheinlich nicht die benötigte Entlastung bringen können. Während die mittleren Jahrgänge (30-55 Jahre) annähernd gleich hoch verteilt sind, haben die jüngeren Jahrgänge (bis 30 Jahre), besonders in den Jahrgängen unter 20 Jahre (2164) und 20-25 Jahre (4536), aufgrund der nachlassenden Ausbildungsaktivität in den letzten Jahren, bzw. der Nichtübernahme der Ausgebildeten, eine unzureichende Personalstärke.

Dieser Altersaufbau ist für die zukünftige Entwicklung der Eisen- und Stahlindustrie problematisch. Da zu wenig junge Mitarbeiter ausgebildet bzw. eingestellt werden, droht eine Überalterung der Belegschaften. Dies bedeutet, dass es in Zukunft schwieriger werden wird, qualifizierte Nachwuchskräfte für Leitungspositionen zu gewinnen.

Gleichzeitig sind Alterssozialpläne und Altersteilzeitregelungen zukünftig nicht mehr im bisherigen Umfang finanzierbar. Der Abgang von erfahrenen, gut qualifizierten Mitarbeitern ist für die Betriebe häufig mit einem

---

[6] Zahlen: Arbeitgeberverband Stahl: Jahresbericht 92/93, 93/94 - 40. und 41. Geschäftsjahr, Düsseldorf 1994 / Diagramm: pragma gmbh

kaum zu kompensierenden Verlust von gewachsenen Wissen und Fähigkeiten verbunden.

Außerdem ist es fraglich, ob eine Verrentung mit 55 unter sozialen Gesichtspunkten die richtige Lösung ist. Auch wenn die Gestaltung des Vorruhestandes individuell sehr unterschiedlich ausfällt[7], ist es gerade bei Mitarbeitern der Eisen- und Stahlindustrie, die einen Großteil ihrer Identität aus ihrer Berufstätigkeit und ihrer sozialen Einbindung in einen Großbetrieb bezogen haben, zu vermuten, dass der Übergang in die Nichterwerbstätigkeit mit erheblichen Problemen verbunden sein kann.

Neue Formen der Mobilitätsförderung

Aufgrund der beschriebenen Veränderungen der gesetzlichen Rahmenbedingungen und der demographischen Strukturen hat sich in den letzten Jahren in der Arbeitsmarktforschung, in den Betrieben und zunehmend auch in den Gewerkschaften die Einsicht durchgesetzt, dass die traditionellen Regelungen hinsichtlich einer Mobilitätsförderung von arbeitslosen Arbeitnehmern wenig effektiv sind[8] .

Bei zukünftigen Verhandlungen über Interessensausgleiche und Sozialpläne bei Betriebsänderungen werden sich die Sozialpartner darüber verständigen müssen, welche mobilitätsfördernden Elemente aufgenommen

---

[7] Vgl. dazu u.a. Schweikle, Johannes: Die Überflüssigen - Es gibt zwei Klassen von Frührentnern: Gutversorgte Führungskräfte und geprellte Kleinverdiener, in: Die Zeit, 5.11.98, S. 17
[8] Vgl. u.a. Knuth, Matthias / Vanselow, Achim: Über den Sozialplan hinaus - Neue Beschäftigungsperspektiven bei Personalabbau, Berlin, 1995; Bundesarbeitgeberverband Chemie e.V (BAVC).: Transfer-Sozialplan. Neues Denken und neue Wege zur gemeinsamen Gestaltung des Strukturwandels in der chemischen Industrie, Wiesbaden 1998; DGB 1998

16

werden können und sollen. Dabei sollten die Transferbemühungen sich in erster Linie auf eine neue Beschäftigung auf dem ersten Arbeitsmarkt richten. Öffentlich geförderte Beschäftigungsmaßnahmen (ABM / Strukturanpassungsmaßnahmen) für von Massenentlassungen betroffene Mitarbeiter werden in Zukunft an Bedeutung verlieren.

Zuschüsse zu Sozialplanmaßnahmen

Der Gesetzgeber hat der veränderten Rolle von Sozialplänen durch die seit dem 01. Januar 1998 gewährten Zuschüsse zu Sozialplanmaßnahmen gemäß §§ 254 ff. SGB III Rechnung getragen. Mit diesem neuen Instrument soll für die Betriebe und die betrieblichen Interessenvertretungen ein Anreiz geschaffen werden, Sozialpläne im oben genannten Sinne zu „aktivieren"[9]. Ziel ist es, der Arbeitslosigkeit betriebsnah, d. h. möglichst früh, bereits zum Zeitpunkt ihres Beginnes entgegenzuwirken. Außerdem soll auf diesem Wege erreicht werden, dass Sozialplanmittel weniger konsumtiv und zunehmend beschäftigungswirksam eingesetzt werden. An die Stelle des Personalabbaus auf Kosten der Sozialversicherung soll die finanzielle und organisatorische Beteiligung der Betriebe an beschäftigungsfördernden Maßnahmen zugunsten der von ihnen Freigesetzten treten.

In der bundesweiten Praxis wird dieses Instrument allerdings bisher kaum genutzt. Während in NRW eine relativ große Nachfrage besteht[10],

---

[9] vgl. u.a. Knuth / Vanselow 1995

[10] Der derzeitige Förderhöchstbetrag wird vom Landesarbeitsamt NRW mit 16.320 DM pro Teilnehmer angegeben. Die 13 bisher geförderten Maßnahmen in NRW seien mit einem durchschnittlichen Fördersatz von 6.600 DM pro Teilnehmer gefördert worden. Allerdings wurden auch hier die zur Verfügung stehenden Mittel bei weitem nicht ausgeschöpft. (Aussagen von Herrn Kulozik,

waren in anderen Bundesländern, wie z.B. Bayern und Berlin, im Jahr 1998 noch keine Maßnahmen gefördert worden.

zuständiger Sachbearbeiter beim LAA NRW auf der Fachtagung „Übergänge in wirtschaftlichen Umbrüchen - Neuorientierung und Wiederbeschäftigung bei Stellenabbau" am 15. Und 16. Dezember 1998 im IAT, Gelsenkirchen.)

3 QUALITATIVE AUSWERTUNG UND ANALYSE BESTEHENDER SOZIALPLÄNE

3.1 Inhalte bisheriger Sozialpläne

In den letzten Jahren sind in der Eisen- und Stahlindustrie eine Reihe von Sozialplänen und Interessensausgleichen ausgehandelt worden. Dieses Instrument, Ende der 50er Jahre im Bereich der Montanindustrie entwickelt und 1972 bei der Novellierung des Betriebsverfassungsgesetzes auf alle Betriebe, in denen es einen Betriebsrat gibt, verallgemeinert, wurde bisher im wesentlichen dazu genutzt, um Personalanpassungsmaßnahmen auf ältere Mitarbeiter zu konzentrieren und auch jüngere Mitarbeiter mit teilweise erheblichen Abfindungsleistungen zum Ausscheiden aus dem Betrieb zu motivieren.

Nach einer aktuellen Erhebung von Edmund Hemmer entfielen in der ersten Hälfte der 90er Jahre etwa 85% der eingesetzten Sozialplanmittel (in allen Branchen) auf Abfindungsleistungen.[11] Die Höhe der Abfindungen differiert sehr stark nach Betriebsgröße, Konzernzugehörigkeit und Branche, wobei insgesamt mehr als drei Viertel aller Abfindungssummen über dem von der Anrechnung auf das Arbeitslosengeld freien Höchstbetrag von 10.000 DM lagen. Über ein Fünftel der gezahlten Abfindungen lag über 50.000 DM.[12]

Aktivierende Momente sind in bestehenden Sozialplänen eher selten zu finden, sieht man von Hilfen ab, welche die innerbetriebliche Mobilität

---

[11] Hemmer, Edmund: Sozialpläne und Personalanpassungsmaßnahmen - eine empirische Untersuchung, Köln, 1997, S. 109
[12] Vgl. ebd. S.116 ff.

fördern sollen. Dazu zählen Fahrtkostenzuschüsse, Hilfen bei der Wohnraumbeschaffung, Umzugshilfen, Trennungshilfen etc..

Maßnahmen, die durch Qualifizierung, Outplacementberatung, etc. auf den externen Arbeitsmarkt orientieren und eine möglichst schnelle Wiedereingliederung der Betroffenen zum Ziel haben, sind erst in der jüngsten Zeit als mögliche Inhalte von Sozialplanverhandlungen entdeckt worden.

3.2   Auswertung bestehender Sozialpläne

Zur qualitativen Auswertung und Analyse der Inhalte bestehender Sozialpläne ist ein Raster[13] entwickelt worden, nach welchem vier bestehende Sozialpläne / Interessensausgleiche aus der Eisen- und Stahlindustrie und aus dem Bergbau miteinander verglichen wurden[14]. Dabei kam es in erster Linie darauf an, diese Vereinbarungen auf ihre mobilitätsfördernden bzw. -hemmenden Elemente zu untersuchen.

Zum Vergleich wurde außerdem das Arbeitspapier „Transfer-Sozialplan - Neues Denken und neue Wege zur gemeinsamen Gestaltung des Strukturwandels in der chemischen Industrie" des Bundesarbeitgeberverbandes Chemie e.V., Stand vom Juni 1998, hinzugezogen.

Die in den verschiedenen Sozialplänen / Interessensausgleichen vereinbarten Leistungen wurden zielgruppenbezogen verglichen. Dabei wurde nach folgenden Leistungen unterschieden :

- *Leistungen bei vorzeitigem Ruhestand*
- *Leistungen bei Aufhebungsverträgen*
- *Leistungen zur Förderung der innerbetrieblichen Mobilität*
- *Leistungen zur Förderung der Mobilität auf den externen Arbeitsmarkt*

Quantitative Vergleiche (Höhe der Abfindungen, Lohnersatzleistungen etc.) wurden nicht angestellt.

---

[13] Vgl. Anlage 6.1.1
[14] Auf die Auswertung weiterer, vorliegender Sozialpläne wurde verzichtet, weil ihre Inhalte sich nicht wesentlich unterschieden.

• *Leistungen bei vorzeitigem Ruhestand*

In den ausgewerteten Sozialplänen sind Vorruhestandsregelungen ein vorrangiges Mittel des Personalabbaus. Nur in einem Sozialplan finden sich dazu keine Regelungen.

Diese Vorruhestandslösungen beruhten auf einer Kombination von Lohnersatzleistungen nach dem AFG, betrieblichen Aufstockungszahlungen / Abfindungen und vorzeitigem Rentenbezug mit 60 Jahren bei Arbeitslosigkeit. Während Vorruhestandsregelungen in zwei Sozialplänen ab einem Alter von 55 Jahren in Anspruch genommen werden konnten, war in einem Sozialplan ein altersbedingtes Ausscheiden bereits mit 52 Jahren möglich.

Für die Zielgruppe der älteren Mitarbeiter finden sich hinsichtlich einer Mobilitätsförderung auf den internen oder externen Arbeitsmarkt in den ausgewerteten Sozialplänen keine Regelungen. Da der endgültige Ausstieg aus dem Erwerbsleben bisher sowohl im Interesse der Betriebe als auch der Betroffenen lag, ist dies nicht verwunderlich. Aus den oben genannten Gründen, aber auch im Hinblick auf die derzeit diskutierten Altersteilzeitregelungen, müssen in Zukunft verstärkt Überlegungen angestellt werden, wie ältere Mitarbeiter, aber auch die sogenannten leistungsgeminderten Mitarbeiter, bis zu ihrer Verrentung auf dem innerbetrieblichen oder dem externen Arbeitsmarkt eingesetzt werden können.

• *Leistungen bei Aufhebungsverträgen*

Aufhebungsverträge werden in gegenseitigem Einvernehmen zwischen den Betrieben und den Mitarbeitern getroffen, wenn der betreffende

Arbeitsplatz unmittelbar oder mittelbar entfällt und kein anderer zumutbarer Arbeitsplatz angeboten werden kann. In einem Sozialplan sind auch betriebsbedingte Kündigungen (mit Sozialauswahl) möglich. Wesentliche Motivation der Mitarbeiter, die Arbeitsverträge in gegenseitigem Einvernehmen aufzulösen, sind die zum Teil beträchtlichen Abfindungszahlungen.

Die Höhe der Abfindungszahlungen ist in der Regel von der Betriebszugehörigkeit, dem Lebensalter und dem durchschnittlichen Brutto-Monatsentgelt abhängig. Zu anderen betrieblichen Leistungen, wie z.B. tariflich vereinbarte Sonderzahlungen im Austrittsjahr, Wohnrecht in betriebseigenen Wohnungen, Arbeitgeberdarlehen, Urlaubs- und Freizeitansprüchen, bestehen in den meisten Sozialplänen gesonderte Regelungen.

Mit der Auflösung des Arbeitsvertrages und der Zahlung der Abfindung sahen sich die personalabbauenden Betriebe bisher aus der Verantwortung für den (ehemaligen) Mitarbeiter entbunden. Weitere aktivierende, den Wiedereinstieg in den Arbeitsmarkt unterstützende Leistungen sind für diese Personengruppe nicht oder nur in Form von materiellen Ausgleichsleistungen[15] vorgesehen. In einem Fall besteht für ausgeschiedene Mitarbeiter die Möglichkeit, sich in einer Beschäftigungs-, Qualifizierungs- und Vermittlungsgesellschaft auf den externen Arbeitsmarkt zu orientieren und Qualifizierungsangebote wahrzunehmen.

---

[15] So bekommen z.B. ausgeschiedene Mitarbeiter, die in die Beschäftigungs-, Qualifizierungs- und Vermittlungsgesellschaft eintreten, während dieser Zeit die Differenz zwischen Arbeitslosengeld und 90% des letzten Nettolohnes ausgeglichen (zusätzliche Abfindungszahlung). Erst nach Ausscheiden aus der Gesellschaft werden 90% der Abfindungssumme (sowie evtl. nicht aufgebrauchte zusätzliche Abfindungszahlungen) ausgezahlt.

Regelungen, wie sie zum Beispiel für die österreichischen Arbeitsstiftungen[16] oder auch bei Dornier[17] getroffen wurden, nach denen die Zinserträge der geparkten Abfindungssummen für mobilitätsfördernde Maßnahmen eingesetzt werden, solange die Betroffenen Nutznießer dieser Maßnahmen sind, gibt es in den ausgewerteten Sozialplänen nicht.

• *Leistungen zur Förderung der innerbetrieblichen Mobilität*

Abgesehen von einem der ausgewählten Beispiele finden sich in allen ausgewerteten Sozialplänen Regelungen zur Förderung der innerbetrieblichen Mobilität, wozu auch der Wechsel auf neue Arbeitsplätze in anderen Unternehmen des Konzerns zu rechnen ist. Diese Versetzungen / Umsetzungen berücksichtigen die berechtigten Interessen der Betroffenen. Neue Arbeitsplätze müssen „zumutbar" und „angemessen" sein.

Lohneinbußen bei Versetzungen auf geringer bezahlte Arbeitsplätze werden in allen Fällen ausgeglichen.

Über die Einkommenssicherung hinaus enthalten die Sozialpläne Regelungen zu Qualifizierungsmaßnahmen, die auf die neuen Aufgaben vorbereiten sollen, sowie Fahrtkostenerstattungen / Aufwandsentschädigungen, Umzugshilfen und Hilfen zur Wohnraumbeschaffung.

---

[16] Vgl. Muth, Josef: Vermeidung von Arbeitslosigkeit bei Massenentlassungen aufgrund von (Teil-) Betriebsstillegungen - Gestaltungsempfehlungen für betriebliche Maßnahmen zur erfolgreichen beruflichen Neuorientierung – Arbeitsmarktpolitischer Teil, Gelsenkirchen, 1998, S.116

[17] vgl. Bartel, Hans-Joachim: Eine Beschäftigungsgesellschaft in der Strukturkrisenindustrie am Beispiel Dornier - Arbeitspapier eines Vortrages, gehalten auf der Konferenz „Alternativen zum Personalabbau" am 24. 11. 1998 in Frankfurt.

Da die betroffene Personengruppe nicht aus dem Betrieb ausscheidet, enthalten die Sozialpläne für sie auch keine weitergehenden, auf den externen Arbeitsmarkt ausgerichteten Angebote.

- **Leistungen zur Förderung der Mobilität auf den externen Arbeitsmarkt**

Der Unterstützung der Orientierung ausscheidender Mitarbeiter auf den externen Arbeitsmarkt wird in den ausgewerteten Sozialplänen unterschiedliches Gewicht beigemessen. Während sich in einem Fall die Vereinbarungen dazu auf den Satz „*Das Unternehmen verpflichtet sich, die Mitarbeiter auf ihren Wunsch hin bei der Suche nach einem neuen Arbeitsplatz zu beraten und zu unterstützen*" beschränkt, enthalten zwei andere Sozialpläne Regelungen zum Übergang in eine externe Beschäftigungs-, Qualifizierungs- und Vermittlungsgesellschaft bzw. in eine Stiftung. Im vierten Fall werden für Ausscheidenden Zusatzleistungen in betriebsinternen Ausbildungseinrichtungen vorgehalten.

Angeboten werden, in unterschiedlicher Intensität, allgemeine Beratung und Betreuung, Grund- und Fachqualifizierung und Vermittlung aber auch Beschäftigung in öffentlich geförderten Maßnahmen (ABM). Die Betreuungszeit wird individuell festgelegt und entspricht entweder der jeweiligen Bezugsfrist für Arbeitslosengeld oder der (aufgestockten) Kündigungsfrist.

Über Ausgleichszahlungen werden Differenzen zwischen Arbeitslosen- bzw. Unterhaltsgeld und letztem Nettolohn zum Teil ausgeglichen (siehe Anm. 11). In einem Fall werden bei dem Wechsel auf eine externe Arbeitsstelle Mehrkosten für Fahrten, Umzugs- oder Wohnungskosten erstattet. Darüber hinaus werden Trennungsentschädigungen gezahlt.

Alle genannten Leistungen zur Förderung der Mobilität auf den externen Arbeitsmarkt sind erste Ansätze, ausscheidende Mitarbeiter auf ihrem weiteren Berufsweg zu unterstützen. Vergleicht man allerdings den Einsatz von Finanzmitteln für diese aktivierenden Ansätze mit den Mitteln, die für Abfindungen und Vorruhestandsregelungen eingesetzt werden, wird deutlich, welch geringe Rolle aktive Arbeitsmarktpolitik in den bestehenden Sozialplänen spielt.

Auch wenn die derzeitigen Entscheidungen der Bundesregierung noch nicht erkennen lassen, inwieweit Abfindungsregelungen durch die Anrechnung auf Lohnersatzleistungen und Versteuerung unattraktiver werden und durch Veränderungen im SGB III (Verschiebung der Altersstaffel für die verlängerte Dauer des Anspruchs auf Arbeitslosengeld) und in der Rentenpolitik Vorruhestandsregelungen zukünftig noch möglich sind, werden künftige Sozialplanverhandlungen ein stärkeres Gewicht auf die Aktivierung von Sozialplanmitteln legen müssen.

3.3 Konzeption eines Transfer-Sozialplanes
(Beispiel: Bundesarbeitgeberverband Chemie e.V.)

Mit dem Arbeitspapier „Transfer-Sozialplan - Neues Denken und neue Wege zur gemeinsamen Gestaltung des Strukturwandels in der chemischen Industrie"[18] vom Juni 1998 hat der Bundesarbeitgeberverband Chemie e.V. erstmals ein Papier vorgelegt, in dem ein Sozialpartner Vorschläge zur künftigen Ausgestaltung „aktivierter" Sozialpläne macht. Auch wenn dieses Arbeitspapier mit bestehenden Sozialplänen nur bedingt zu vergleichen ist, sollen seine wesentlichen Aussagen hier kurz zusammengefasst werden[19].

Grundsatz

Der Transfer-Sozialplan wird als wichtiger Baustein des Ausgleiches zwischen notwendigen betrieblichen Flexibilisierungsmaßnahmen und den Interessen der Beschäftigten an einer weitgehenden Arbeitsplatzsicherheit angesehen. Er soll kostenneutral sein und soll bei Betriebsänderungen nicht zu zeitlichen Verzögerungen führen. Seine Transfermaßnahmen sind auf den externen Arbeitsmarkt ausgerichtet. In jeder Phase geht Vermittlung vor Qualifizierung oder Orientierung. Existenzgründungen von Mitarbeitern sind während des gesamten Transferprozesses zu fördern. Nach Abschluss des Transfer-Sozialplans / des Interessensausgleiches soll den betroffenen Mitarbeitern die Kündigung ausgesprochen werden.

---

[18] vgl. BAVC 1998
[19] vgl. auch Anlage 6.1.2

Träger der Maßnahmen

Um die Mitarbeiter auf den externen Arbeitsmarkt zu orientieren, sollen auch Angebote außerhalb der Arbeitszeiten und außerhalb des Betriebs gemacht werden. Ein von den Arbeitgeberverbänden getragenes Netzwerk sowie Beteiligungen an lokalen oder regionalen Transfer- und Personalentwicklungsgesellschaften sollen in Kooperation mit den Arbeitsverwaltungen und anderen Trägern den Transferprozess begleiten. Insbesondere kleine und mittlere Betriebe sollen von den Angeboten externer Träger profitieren.

Finanzierung

Finanziert werden sollen die Angebote durch Eigenbeteiligung der Betriebe, Leistungen der Arbeitsverwaltung (Struktur-Kurzarbeit, Zuschüsse zu Sozialplanmaßnahmen, Eingliederungszuschüsse, Mobilitätshilfen etc.) und aus Drittmitteln (z.B. regionale Strukturfonds, EU-Mittel).

Geplante Maßnahmen und Angebote

Die betroffenen Arbeitnehmer sollen nach den Kriterien der Sozialauswahl (§ 1 Abs. 3 KSchG) ausgewählt werden. Durch eine konzertierte, zukunftsbezogene Arbeitsvermittlung, d.h. durch frühzeitige Zusammenarbeit zwischen den Sozialpartnern, der Arbeitsverwaltung und externen Trägern, sollen die Beschäftigungschancen der ausscheidenden Mitarbeiter verbessert werden. Dazu werden Mitarbeiterprofile erarbeitet, Zeugnisse ausgestellt und Bewerbungsunterlagen zusammengestellt.

Schriftliche und mündliche Bewerbungen werden trainiert. Außerdem soll eine Orientierungsberatung zur Feststellung des weiteren Qualifizierungsbedarfes bzw. der Qualifizierungsfähigkeit mit dem Ziel eines individuellen Qualifizierungsplanes stattfinden. Die notwendige berufliche Weiterbildung in Qualifizierungsmaßnahmen soll gefördert werden. Potentielle Existenzgründer erhalten Beratungshilfen.

Leistungen

Folgende Leistungen werden den betroffenen Mitarbeitern von betrieblicher Seite angeboten:

- *Bezahlte Freistellungen* für die Stellensuche (§ 11 III Ziffer 6 MTV in der chemischen Industrie)

- *Förderung von Existenzgründungen* durch den alten Arbeitgeber durch Existenzgründungszuschüsse, Darlehen, Zinszuschüsse für Kredite, Übernahme von Bürgschaften, Bereitstellung von Sachmitteln, Abnahmeverpflichtungen, Beratungsverträge.

Während der Transferphase besteht außerdem die Möglichkeit, Unterstützungsleistungen der Arbeitsverwaltung (Eingliederungszuschüsse, Mobilitätshilfen, Arbeitnehmerhilfe, Trainingsmaßnahmen, Überbrückungsgeld und Einstellungszuschüsse bei Neugründungen) in Anspruch zu nehmen.

Zusätzliche gesetzliche Regelungen

Zusätzlich beschleunigt werden kann der Transferprozess durch Neuregelungen im SGBIII zur Zumutbarkeit neuer Arbeitsplätze. Danach gilt ab dem siebten Monat der Arbeitslosigkeit jeder Arbeitsplatz als zumutbar, dessen Verdienst höher als das Arbeitslosengeld ist[20].

Außerdem sollen den Arbeitgebern Neueinstellungen durch Überlassung der kompletten Bewerbungsunterlagen und der Mitarbeiterpotentialprofile (bei Einwilligung des Arbeitnehmers) administrativ erleichtert werden.

Zusammenfassung

Mit der Maßgabe, dass Abfindungen „nicht mehr die Regel, sondern die Ausnahme"[21] sein sollen, versucht der Bundesarbeitgeberverband Chemie e.V., einen neuen Weg der Sozialplanpolitik zu beschreiten. In Absprache mit dem Betriebsrat sollen Mittel, die zuvor für Abfindungszahlungen bereitgestellt werden mussten, für den Beschäftigungstransfer auf den externen Arbeitsmarkt eingesetzt werden. Diese Aktivierung von Sozialplanmitteln, wie sie von Arbeitsmarktexperten schon seit längerer Zeit gefordert wird[22] und in den österreichischen Arbeitsstiftungen auch bereits mit Erfolg praktiziert wird, kann dazu beitragen, Transferprozesse, insbesondere durch die konzertierte Arbeitsvermittlung, zu beschleunigen.

---

[20] Das entspricht einem Entgeltrückgang von bis zu 40% des letzten Nettolohnes.
[21] vgl. BAVC S. 6
[22] vgl. u.a. Knuth / Vanselow 1995

Im Arbeitspapier „Transfer-Sozialplan" des BAVC finden sich allerdings keine näheren Angaben dazu, wie hoch der Anteil der für mobilitätsfördernde Maßnahmen bereitgestellten Summen am Gesamtumfang der Sozialplanmittel sein sollte. Auch dazu, inwieweit in Zukunft noch Abfindungen gezahlt werden und welchen finanziellen Eigenanteil die betroffenen Beschäftigten einbringen sollten, wird nichts näheres ausgesagt.

Insgesamt bleibt fraglich, ob die Betroffenen das Gesamtpaket der angebotenen Transfermaßnahmen als adäquaten Ersatz für wegfallende oder geringere Abfindungen ansehen werden. Insbesondere die Maßgabe, dass vor Einsatz der Maßnahmen betriebsbedingte Kündigungen ausgesprochen werden sollen, dürfte die Verhandlungen erschweren. Dennoch dürften die Vorschläge des BAVC auch für die Eisen- und Stahlindustrie von Interesse sein. Inwieweit sie sich in der betrieblichen Praxis verwirklichen lassen, werden künftige bzw. bereits laufende Sozialplanverhandlungen zeigen.

4 TRANSFERGESELLSCHAFTEN

Beschäftigungs- und Qualifizierungsgesellschaften wurden in Westdeutschland auf gewerkschaftlichen Druck bereits in den 80er Jahren
konzipiert und erprobt.[23] Die in den Krisenbranchen dieser Zeit, bei der
Eisen- und Stahlindustrie, bei den Werften, in der Elektroindustrie und
im Bergbau freigesetzten Beschäftigten, wurden in betriebsorganisatori-
sche Einheiten überstellt (betrieblicher Arbeitskräftepool oder selbständige Gesellschaft), auf die auch vom Unternehmen zurückgegriffen werden konnte. Darüber hinaus wurden Beschäftigte bereits aus den Kon-
zernen in externe Beschäftigungsverhältnisse vermittelt, zum Teil nachdem sie zuvor Qualifizierungsmaßnahmen durchlaufen konnten (z.B. bei
Grundig).

Auf der Erfahrung dieser Einrichtungen basierend entstanden in Ostdeutschland zu Beginn der 90er Jahre die sogenannten ABS-
Gesellschaften (Gesellschaften für Arbeitsförderung, Beschäftigung und
Strukturentwicklung), die in erster Linie zur Organisation von Kurzarbeit
Null und als Träger von ABM-Maßnahmen fungierten.[24] Nicht zuletzt die
positiven Erfahrungen, die hier gesammelt werden konnten, führten zwi-
schenzeitlich dazu, dass Beschäftigungs- und Qualifizierungsgesellschaften
bzw. Transfergesellschaften auch in Westdeutschland, vor allem in der
Eisen- und Stahlindustrie, zunehmend ein anerkanntes Instrument zur
sozialverträglichen Flankierung von betrieblichen Umstrukturierungsprozessen mit Beschäftigungsabbau geworden sind. Im folgenden sollen an-

---

[23] Vgl. DGB 1998, S. 95
[24] Vgl. Der Bundesminister für Arbeit und Sozialordnung (Hrsg.): Arbeitsmarktpolitische Potentiale und Perspektiven von Gesellschaften zur Arbeitsförderung,
Beschäftigung und Strukturentwicklung (ABS), Gelsenkirchen, 1992

hand von Praxisbeispielen aus dem Bundesgebiet und aus Österreich die bisher gemachten Erfahrungen mit Qualifizierungs- bzw. Transfergesellschaften und anderen beschäftigungserhaltenden sowie beschäftigungsschaffenden Maßnahmen im Hinblick auf besonders wirksame beschäftigungsfördernde und vermittelnde Instrumente dargestellt werden. Dabei sollen folgende Eckpunkte in der Konzeption einer Transfergesellschaft besondere Berücksichtigung finden.

- Aufgabenbereiche: Orientierung, Vermittlung / Outplacement, Qualifizierung, Arbeitnehmerüberlassung, Existenzgründung ...
- Organisation und Trägerschaft
- Förderung / Finanzierung
- Absicherung von Qualitätsstandards
- Öffentlichkeitsarbeit

4.1 Aufgabenbereiche

Die Durchführung der Aufgaben einer Transfergesellschaft als Interventionsinstrument bei Unternehmenskrisen wird von einer Vielzahl von Einflussfaktoren bestimmt. Als „interne" Faktoren lassen sich zum Beispiel Interventionszeitpunkt, Zusammensetzung und Status der betroffenen Zielgruppen, Engagement und Fachkompetenz der beteiligten Akteure, Maßnahmenkataloge sowie die finanzielle, personelle und räumliche Ausstattung der Transfergesellschaft nennen. Hinzu kommen „externe" Faktoren, wie zum Beispiel die gesetzlichen und tariflichen Rahmenbedingungen, die jeweilige regionale Arbeitsmarktlage, die Wirtschaftsstruktur der Region etc., die jede einzelne Unternehmenskrise „einzigartig" erscheinen lassen. Es ist daher notwendig, die spezifische Problemstellung einer Unternehmenskrise zu erkennen, um den Einsatz der arbeitsmarkt- und personalpolitischen Instrumente in Abhängigkeit der jeweils anzutreffenden Faktoren auszurichten. Um den Transfer der von Personalabbau betroffenen Personen in neue Beschäftigung zu unterstützen, stehen der Transfergesellschaft verschiedene Instrumente zur Verfügung.

Orientierung

Vor dem Einsetzen umfangreicher Weiterbildungs- bzw. Umschulungsmaßnahmen sollten die Teilnehmer eine berufliche Neuorientierungsphase durchlaufen. Sogenannte „Berufsorientierungsseminare" (Arbeits-Stiftung) haben sich als positive Einstiege in die Orientierung auf den externen Arbeitsmarkt erwiesen.

„Ein noch so hochwertiges Qualifizierungsangebot wird nicht akzeptiert oder verbessert nicht den späteren beruflichen Erfolg, wenn die Teilnehmer nicht auf das damit verbundene Berufsziel hinarbeiten. Weiterbildung, die über die Ergänzung oder Zertifizierung der vorhandenen beruflichen Fertigkeiten hinausgeht und in eine andersgeartete Tätigkeit führen soll, setzt eine berufliche Neuorientierung voraus"[25].

Das Ziel einer beruflichen Neuorientierung ist die gemeinsame Erarbeitung eines individuellen Berufswegeplanes. Dieser wird unter Berücksichtigung des neuen Berufswunsches des Teilnehmers und seiner weiteren Lebensplanung erstellt.

Maßnahmen zur Unterstützung der beruflichen Neuorientierung:

- Psychische Bewältigung des Arbeitsplatzverlustes
- Lebenszyklusanalyse / Laufbahnbilanz
- Selbst-Fremdbild-Übungen / Stärken-Schwächen-Analysen
- Begabungs- und Interessentests
- Persönlichkeits- und Sozialtrainings
- Information über relevante Berufsbilder
- Kurzpraktika
- Mobilitätsförderung

---

[25] DGB 1998, S. 72

Vermittlung / Outplacement

Die Vermittlung der vom Arbeitsplatzverlust Betroffenen in neue Beschäftigung muss in jeder Phase, d.h. auch z.B. vor Durchführung von Qualifizierungsmaßnahmen, Priorität genießen. Neben der Durchführung einer aktiven Bewerbungskampagne (Analyse des „offenen" Arbeitsmarktes, Erstellen von Bewerbungen, aktives Bewerbungstraining etc.) haben sich im Rahmen der Vermittlungsbemühungen vor allem Praktika in Fremdfirmen, Arbeitnehmerüberlassung, die Anbahnung von Zweitarbeitsverhältnissen sowie die Maßnahmen im Rahmen der Montaninitiative („Gemeinschaftsinitiative zur Vermittlung von Montanarbeitnehmern") als weitere Elemente einer erfolgreichen Vermittlung herauskristallisiert. Der Vorteil solcher Arbeitsverhältnisse „auf Probe" besteht in der Möglichkeit eines eher unverbindlichen gegenseitigen Kennenlernens bevor ein langfristiger Arbeitsvertrag geschlossen wird. Darüber hinaus lassen sich Zweitarbeitsverhältnisse und Arbeitnehmerüberlassung zur Reduzierung der Personalkosten nutzen, da in der Zeit des Verleihs der Anspruch auf Kurzarbeitergeld ruht.

Neben den klassischen Elementen der Vermittlung erlangt die Outplacement-Beratung als intensivierte Form der Vermittlung immer größere Bedeutung. Bei diesem Instrument werden durch externe Qualifizierungsberater die individuellen Potentiale und Arbeitsmarktchancen der Teilnehmer bewertet. Auf der Grundlage einer hierbei als realistisch eingeschätzten beruflichen Perspektive unterstützen anschließende persönliche Trainings die Suche nach einer neuen Arbeitsstelle. Organisiert wird die Outplacement-Beratung als individuelle oder als Gruppen-Beratung. Meist trifft man bei der praktischen Umsetzung auf ein Mix dieser beiden Formen. Dabei ist es sinnvoll, mit der Orientierung auf neue Arbeitsplätze bereits in der Kündigungsphase, d. h. noch im Altbetrieb zu beginnen. Hier haben sich sogenannte „Arbeitsmarkt-

Agenturen" als wirksame Instrumente erwiesen. Das optimale Ziel einer Outplacement-Beratung ist erreicht, wenn das alte Arbeitsverhältnis der betroffenen Mitarbeiter erst dann aufgelöst wird, wenn bereits ein neuer Arbeitsplatz gefunden wurde. So lässt sich bei den Suchbewegungen der Betroffenen auf den Arbeitsmarkt u.a. das „Stigma Arbeitslosigkeit" vermeiden.

Die einzelnen Schritte einer (Gruppen-) Outplacement-Beratung lassen sich wie folgt darstellen:

- Kündigungs- und Orientierungsgespräch
- Auswertung des beruflichen Werdegangs
- Stärken / Schwächen-Analyse
- Erarbeitung eines persönlichen Profils des Teilnehmers, um eine eigene strategische Position auf dem Arbeitsmarkt zu entwickeln (systematische Sondierung des Arbeitsmarkts)
- Training von Bewerbungen und Vorstellungsgesprächen
- Weitere Beratung auch im Fall einer Arbeitsaufnahme (innerhalb der Probezeit)

Qualifizierung

Um die für einen Transfer in neue Beschäftigung oft notwendigen Qualifikations- und Weiterbildungsmaßnahmen dem Bildungs- und Qualifikationsniveau der Teilnehmer entsprechend ausrichten zu können, muss zunächst der individuelle Bedarf anhand einer Qualifikationsanalyse ermittelt werden. Diese gibt Auskunft über die jeweilige Berufsausbildung, die Berufserfahrung auch aus früheren Arbeitsverhältnissen, im Unternehmen zusätzlich erworbene Kenntnisse und Fähigkeiten, bisherige

Weiterbildungen etc. Wurde im Alt-Unternehmen keine Personalstatistik mit den entsprechenden Informationen geführt, müssen diese zunächst zusammengetragen werden.

Grundsätzlich sollte zunächst das bereits vorhandene Wissen und die Erfahrung der Teilnehmer durch punktuelle Weiterqualifikation gestärkt bzw. aufgefrischt werden (z.B. durch EDV-Kurse, Sprachen etc.). Geprüft werden sollten in diesem Zusammenhang auch „außerinstitutionelle Qualifizierungsmaßnahmen", die durch Trainings „on the job" oder durch „learning by doing" geprägt sein können. Sollte jedoch aufgrund der Arbeitsmarktlage die Aussicht bestehen, dass dieses Vorgehen für einen erfolgreichen Transfer unzureichend ist (keine Integrationsmöglichkeit im erlernten Beruf o.ä.), müssen umfangreiche Umschulungs- und Weiterbildungsmaßnahmen einsetzen, die den Teilnehmer auf andere / neue Wirtschaftsbereiche umorientieren sollen. Eine ausschließliche „Förderung der Beschäftigungsfähigkeit" wie im Fall der Case Germany GmbH[26], ohne die Möglichkeit der berufsfachlichen Qualifizierung für auf dem Arbeitsmarkt nachgefragte Tätigkeiten, ist für die Betroffenen dagegen wenig hilfreich.

Wird Qualifizierung im Rahmen von Kurzarbeit durchgeführt, trägt das Kurzarbeitergeld zum Unterhalt der Teilnehmer bei. Allerdings müssen die Qualifizierungsangebote bei struktureller Kurzarbeit ausschließlich auf den externen Arbeitsmarkt orientiert sein, um den Bezug von Kurzarbeitergeld über die im Normalfall 6 Monate andauernde Förderung hinaus zu erhalten.

---

[26] Vgl. Muth 1998, S.26ff

Arbeitnehmerüberlassung

Eine weiteres Instrument zur Anbahnung eines neuen dauerhaften Arbeitsverhältnisses ist die eingliederungsorientierte Arbeitnehmerüberlassung. Die Arbeitnehmerüberlassung stellt eine Zwischenform zwischen betrieblichen Praktikum und Zweitarbeitsverhältnis dar. Auch bei der Arbeitnehmerüberlassung besteht die Möglichkeit des Kennenlernens einer neuen Arbeitsstelle oder eines neuen Arbeitgebers ohne verbindliche Entscheidung in Form eines langfristigen Arbeitsvertrages. Arbeitnehmer und potentieller neuer Arbeitgeber erhalten so zunächst ohne Risiko die Gelegenheit, sich langsam an ein neues Arbeitsverhältnis anzunähern. Da während der Zeit der Überlassung die Kurzarbeit unterbrochen wird, entfällt die Zahlung von Kurzarbeitergeld und verbleibende Personalkosten lassen sich einsparen. Noch nicht verbindlich geklärt ist jedoch die Frage nach den Rückkehrmöglichkeiten aus dem Verleih zurück in die Kurzarbeit für den Fall, dass kein neues Arbeitsverhältnis zustande gekommen ist.

Die bisherige Praxis der Bundesanstalt für Arbeit sieht lediglich eine einmalige Rückkehr vor, die jedoch auch nur in Ausnahmefällen in Anspruch genommen werden kann.

Existenzgründung

Transfergesellschaften sollten ein spezielles Instrumentarium für Existenzgründungswillige bereit halten. Hierzu gehört eine ausführliche Existenzgründungsberatung, die ggf. Ausgründungspotentiale aufspürt. Unterstützt werden sollte diese Stelle von externen Institutionen (z.B. Rationalisierungskuratorium der Deutschen Wirtschaft) oder Beratern, die

bei persönlicher Eignung des Teilnehmers eine individuelle Gründungsberatung durchführen.

Ziel dieser Beratung muss die Unterstützung des Gründungswilligen bei
der Suche nach Informationen (z.B. zu den Bedingungen der öffentlichen
Förderung) und der Erarbeitung eines tragfähigen Unternehmenskonzep-
tes sein.

Durch folgende arbeitsmarktpolitischen Förderinstrumente werden potentielle Existenzgründer unterstützt:

- Überbrückungsgeld (nach § 57 SGB III)
- Zusätzliche Zuschüsse zur Kranken- und Pflegeversicherung sowie zur Al-
  tersvorsorge
- Einstellungszuschuss bei Neugründungen (nach §§ 226f. SGB III)
- (Anspruch auf Arbeitslosengeld wird nicht „verbraucht". Scheitert die selbständige Existenz können Restansprüche innerhalb von 4 Jahren nach Entstehen des Anspruchs geltend gemacht werden)

Unterstützung der regionalen Strukturentwicklung

Durch die Entwicklung, Erprobung und ständige Anpassung arbeitsmarktpolitischer Instrumente, welche die negativen Auswirkungen des
Strukturwandels auf die Arbeitnehmer verhindern sollen, tragen die
Transfergesellschaften zur regionalen Strukturentwicklung bei. Die Aktivierung und Motivierung der vom Strukturwandel betroffenen Beschäftigten und entsprechende Qualifikationsangebote unterstützen neu entstehende Unternehmen bei der Suche nach qualifiziertem Personal. Die
Förderung von Existenzgründungen und Management-Buy-Out trägt
dazu bei, dass sich auf den vormals großindustriell genutzten Flächen
neue, kleine und mittlere Unternehmen ansiedeln.

4.2   Organisation und Trägerschaft

Die Gründungsphase einer beschäftigungsfördernden Einrichtung wird oftmals zunächst von der Frage nach der geeigneten Rechtsform bestimmt. Hier hat sich nach Auffassung von Arbeitsmarktexperten in der Vergangenheit die Gesellschaft mit beschränkter Haftung bewährt.

> *„Die Aufbringung des erforderlichen Gründungskapitals von 50.000 DM stellt im Verhältnis zu den finanziellen Größenordnungen, die zur Finanzierung der übergehenden Arbeitsverhältnisse und der Maßnahmen bewegt werden müssen, überhaupt kein Problem dar. Schwieriger gestaltet sich in der Praxis die Frage, wer als Gesellschafter fungiert und dadurch Verantwortung für die Arbeitsförderungsgesellschaft übernimmt"*[27].

Diese Frage wurde in den ausgewerteten Praxisbeispielen mit verschiedenartigen Lösungsansätzen zu beantworten versucht. Es wird jedoch deutlich, dass, um einen möglichst großen Transfer der von Arbeitsplatzverlust Betroffenen in neue Beschäftigungsfelder zu erreichen, eine gute und frühzeitige Kooperation mit den verschiedenen betrieblichen und außerbetrieblichen Akteuren (örtliches Arbeitsamt, Politik, Kammern, Verbände, Gewerkschaften, Kirchen, ortsansässige Unternehmen etc.) unerlässlich ist. Um diese notwendige Vernetzung in der Region sicherzustellen, erscheint es daher sinnvoll, die wichtigsten regionalen Akteure auch als Gesellschafter der beschäftigungsfördernden Einrichtung einzubinden.[28] Weitere Organisationen, Verbände und öffentliche Stellen sowie Persönlichkeiten aus der Region, die nach ihrem Beruf oder ihrer

---

[27] Knuth, Matthias / Stolz, Günter: Handlungsleitfaden Sanierungsstrategien und Arbeitsmarkthilfen bei Beschäftigungskrisen, Gelsenkirchen, 1998, S. 44ff
[28] Vgl. DGB 1998, S. 99

Stellung in der Wirtschaft oder im öffentlichen Leben besonders geeignet erscheinen und darüber hinaus mit arbeitsmarktpolitischen Fragestellungen vertraut sind, können mit ihren Erfahrungen, Kontakten und ihrem Einfluss für eine Unterstützung gewonnen und durch einen Sitz im Beirat einbezogen werden. Die Anzahl der Beiratsmitglieder wird zunächst durch die Gesellschafterversammlung festgelegt. Eine Erweiterung ist jedoch in der Regel jederzeit möglich. Der Beirat kann u.a. dazu genutzt werden, eine ständige Verbindung zwischen personalabgebenden Unternehmen und der beschäftigungsfördernden Einrichtung sicherzustellen, indem sich beispielsweise Führungskräfte der Altunternehmen im Beirat oder auch als Gesellschafter engagieren. Ein paritätisch zusammengesetzter Beirat hat neben den im Gesellschaftsvertrag zugewiesenen Rechten und Pflichten auch weitergehende Aufgaben. Er kann als Interessenvertretung der Wirtschaftsverbände und der Arbeitnehmervertreter fungieren und durch den Einsatz vertrauensbildender Maßnahmen Einfluss auf die gesellschaftspolitische Akzeptanz der beschäftigungsfördernden Einrichtung ausüben. Der Beirat hat darüber hinaus die wichtige Aufgabe, die Tätigkeit der Geschäftsführung und damit die geschäftlichen Verhältnisse der Einrichtung zu überwachen. Hierzu steht dem Beirat u.a. das jederzeitige Auskunftsrecht über sämtliche Angelegenheiten der Einrichtung zur Verfügung.

Die Rollen der in einer solchen pluralen Gesellschaftsstruktur eingebundenen Akteure sind vielfältig. Die betroffenen Gewerkschaften z.B. müssen als bedeutende arbeitsmarktpolitische Akteure einbezogen werden. Nur mit ihrer Beteiligung kann es gelingen, Vorbehalte in den Belegschaften zu beseitigen. Die Sicherung tarif- und arbeitsrechtlicher Standards gehört dabei zu den vorrangigen Aufgaben. Ebenso trägt die Evaluation der Maßnahmen zur Sicherung von gewerkschaftlich definierten Qualitätsstandards in einer Transfergesellschaft zur Vertrauensbildung bei. Durch die Mitarbeit der Gewerkschaften schon bei der inhaltlichen Ausrichtung der Transfergesellschaft wird u.U. eine spätere Evaluation auch für die betroffenen Arbeitnehmer transparenter.

Die beteiligten Unternehmen können ihre Kenntnisse und ihre Bedarfseinschätzungen bei der Entwicklung von bedarfs- und arbeitnehmergerechten Qualifizierungen einbringen, d.h. sie können ihre Mitwirkung an einer Transfergesellschaft auch als Fortsetzung der eigenen Personalpolitik verstehen. Durch eine derartige Beteiligung (expandierender) Unternehmen könnte eine Transfergesellschaft als „Brücke zwischen wegfallenden und neu entstehenden Arbeitsplätzen" fungieren.[29]

Die Arbeitsverwaltung hat durch eine Beteiligung an der Transfergesellschaft die Möglichkeit einer ständigen Qualitätskontrolle und Evaluation der bestehenden Maßnahmen. Die eingesetzten Fördermittel lassen sich besser steuern und eine Sicherung und Verbesserung von Standards arbeitsmarktpolitischer Maßnahmen und Instrumente kann vorangetrieben werden.

Wichtige, in der Region verankerte Persönlichkeiten (z.B. der Sprecher einer Bürgerinitiative zur Erhaltung des Standortes etc.) sollten innerhalb der Gesellschaftsstruktur die Rolle eines „Sprachrohres" übernehmen. So wäre gewährleistet, dass regionale Besonderheiten bei der Umsetzung des Konzepts und der arbeitsmarktpolitischen Maßnahmen der Transfergesellschaft hinreichend Berücksichtigung finden und gleichzeitig weitere regionale Strukturen und Initiativen gebündelt werden.

Eine rechtlich selbständige Qualifizierungs- bzw. Transfergesellschaft, die sich organisatorisch vom personalabbauenden Unternehmen löst, ohne dieses letztendlich aus der Verantwortung zu entlassen, kann in gleicher

---

[29] Vgl. Knuth / Stolz 1998, S. 46f

Weise arbeitsmarkt- und personalpolitische Interessen unterstützen. D.h. mit dieser Organisationsform können sowohl für das personalabbauende Unternehmen als auch für die betroffenen Mitarbeiter Vorteile verbunden sein (siehe Tabelle 1).

Positive Erfahrungen in der Organisation einer beschäftigungsfördernden Einrichtung wurden in Österreich mit der Form der Arbeitsstiftung gemacht (Unternehmensstiftung, Branchenstiftung, Insolvenzstiftung, Regionalstiftung). Die institutionelle Grundlage der Arbeitsstiftung ist im österreichischen Arbeitslosenversicherungsgesetz verankert. Sie stellt dort ein Instrument der Regional- und Strukturentwicklung (personal- und strukturpolitisch getragener „Poolgedanke") dar. Eine solche Stiftungskonstruktion empfiehlt sich vor allem dort, wo die Einrichtung als permanentes arbeitsmarktpolitisches Angebot der Region entwickelt werden soll.

Tab. I   Vorteile und zusätzliche Handlungsmöglichkeiten einer rechtlich selbstständigen beschäftigungsfördernden Einrichtung

Vorteile für das Unternehmen	Vorteile für die betroffenen Mitarbeiter
• Das Unternehmen bekennt sich zu seiner sozialen Verantwortung und vermeidet so Imageverluste • Betriebsorganisatorisch eigenständige Einheit zum Bezug von Strukturkurzarbeitergeld • Möglichkeit eines schnellen, anlassbezogenen und sozialverträglichen Übergangs bei unumgänglichem Personalabbau • Vermeidung von Konflikten – organisationsbezogen und juristisch • Vermeidung von Demotivation oder inneren Rückzug in der Kündigungsphase • Einsparung von Personalkosten	• Die Lösung vom Altbetrieb und somit auch die Orientierung auf den externen Arbeitsmarkt wird erleichtert • Die berufliche Perspektive genießt Priorität vor den Erfordernissen des Betriebsablaufs • Möglichkeit einer intensiveren und u.U. auch professionelleren arbeitsmarktpolitischen Förderung • Vermeidung von Sperrfristen und Anrechnung von Abfindungen • Die Höhe der Abfindungszahlung bleibt auch bei Konkurs des Altbetriebes bestehen

Um die zahlreichen arbeitsmarktpolitischen Instrumente, die einer Transfergesellschaft zur Verfügung stehen, gezielt und effizient einsetzen zu können, bedarf es eines professionellen und in der Leitung einer solchen beschäftigungsfördernden Gesellschaft fachlich ausgewiesenen, eigenständigen Managements.

45

Die Personaldecke einer Transfergesellschaft muss immer ausreichend (d.h. problemadäquat) groß sein. Die Erfahrungen aus den untersuchten beschäftigungsfördernden Einrichtungen haben gezeigt, dass sich die vielfältigen Aufgaben einer Transfergesellschaft nicht ausschließlich von ehrenamtlichen oder nur zeitweise „abgestellten" Funktionsträgern, die ihre Tätigkeit neben ihrem eigentlichen Tagesgeschäft durchführen müssen, bewältigen lassen. Deshalb sollte z.B. die Geschäftsführung immer von hauptberuflichen Vollzeitkräften ausgeführt werden.

Operative Erfahrung der Mitarbeiter sowie eine administrative Kernmannschaft sind weitere wichtige Voraussetzungen für den Erfolg einer Transfergesellschaft. Muss darüber hinaus zusätzliches Know How über externe Fachkräfte (z.B. Berater oder auch Trainer) „eingekauft" werden, so ist es sinnvoll, diese mit zeitlich begrenzten Honorarverträgen themenbezogen und erfolgsorientiert einzusetzen. Diese externen Fachkräfte müssen überprüfbare Qualitätsanforderungen erfüllen. Sie müssen die erforderlichen (Zusatz-) Qualifikationen (z.B. im Bereich Gruppendynamik oder Gesprächsführung) nachweisen.

Durch die skizzierte Organisationsform wird einem unnötigen Aufblähen der internen Struktur entgegengewirkt. Neben der Kostenersparnis bleibt der gesamte Apparat der Gesellschaft flexibler und kann auf sich verändernde Rahmenbedingungen schneller reagieren.

4.3   Förderung und Finanzierung

Unter dem in der Regel bestehenden hohen Zeitdruck (Existenzgefährdung des Unternehmens), ist es wichtig, die erforderlichen, vielfältigen arbeitsmarktpolitischen Instrumente schnell umzusetzen. Eine einvernehmliche Zusammenarbeit zwischen Unternehmensleitung, Gewerkschaft und Betriebsrat ist für die erfolgreiche Arbeit einer Transfergesellschaft unbedingt notwendig. Um den Übergang der von Arbeitsplatzverlust betroffenen Mitarbeiter in neue Beschäftigungsfelder zu beschleunigen und sie so schnell wie möglich wieder in den Arbeitsmarkt einzugliedern, müssen alle internen, d.h. betrieblichen Stellen (z.B. Personalabteilung, Ausbildungsbereich), und auch alle externen Stellen (örtliche Arbeitsverwaltung, andere Unternehmen der Region, kommunale Stellen, etc.) frühzeitig über die anstehende Personalanpassung informiert und in das Konzept der Transfergesellschaft eingebunden werden. Nur durch eine gute Kooperation dieser verschiedenen betrieblichen und außerbetrieblichen Akteure ist eine erfolgreiche Arbeit einer Transfergesellschaft und damit eine gezielte Förderung der Betroffenen möglich.

Als ebenso vielschichtig wie die Organisation einer Transfergesellschaft kann sich deren Finanzierung darstellen. Dies ist um so bedeutender, da die einmal verhandelten Konditionen des Personalübergangs vom Altbetrieb zur Transfergesellschaft (z.B. in Verbindung mit einem Finanzierungsanteil des Unternehmens) nachträglich schwer zu korrigieren sind. Hier können die Unternehmen aus ihrer Verantwortung nicht entlassen werden. Es muss dafür Sorge getragen werden, dass dann, wenn sich die vereinbarten Konzepte als nicht erfolgreich erweisen, die Möglichkeit erneuter Verhandlungen besteht.

An den Verhandlungen eines tragfähigen Finanzierungskonzeptes sind Experten zu beteiligen, die bereits Erfahrung mit Transfergesellschaften gesammelt haben, alle in Frage kommenden Finanzierungsmöglichkeiten kennen und diese aktivieren können. Zu der finanziellen Ausstattung einer Transfergesellschaft können Finanzierungsanteile der Unternehmen als „Problemverursacher" sowie öffentliche Mittel der Arbeitsverwaltung, Bundes- und Landesmittel, Mittel des Europäischen Sozialfonds etc. gehören. Auch die betroffenen Mitarbeiter können an der Finanzierung der Gesellschaft beteiligt werden. Ähnlich der österreichischen Arbeitsstiftung ist eine finanzielle Beteiligung in Form eines Solidarbeitrags aller im Unternehmen Beschäftigten denkbar. Die Teilnehmer der Stiftung müssen darüber hinaus einen Teil ihrer Abfindungssumme (Zinserträge) in die Gesellschaft einbringen.

> „Die Nachteile des Arbeitsplatzverlustes, die durch Abfindungen gemildert werden sollen, treten mit dem Übergang in die Arbeitsförderungsgesellschaft überwiegend noch gar nicht ein, sondern erst beim Ausscheiden aus derselben. Deshalb wurde in manchen Fällen der Weg beschritten, dass die Arbeitnehmer als „Eintrittskarte" in die Arbeitsförderungsgesellschaft ihre Abfindung als zinsloses Darlehen auf einem Treuhandkonto parken müssen" [30].

Wird eine Weiterentwicklung der Transfergesellschaft in Richtung einer strukturpolitisch wirksamen Institution angestrebt, bestände ebenfalls in Anlehnung an die österreichische Arbeitsstiftung die Möglichkeit, weitere private Finanzmittel durch Mitgliedsbeiträge der Unternehmen aus der Region zur Finanzierung der Transfergesellschaft heranzuziehen. Über die Kostenstruktur einer Transfergesellschaft informiert Tabelle 2.

---

[30] Knuth / Stolz 1998, S. 41

Die Finanzierung einer Transfergesellschaft bzw. die der arbeitsmarktpolitischen Maßnahmen wird durch Probleme der derzeitigen Förderungsmodalitäten erschwert. Die Art der Förderung wird durch unterschiedliche und oftmals nicht problemadäquate Richtlinien bestimmt (z.B. feste DM-Fördersätze pro Teilnehmer einer Maßnahme, Priorität der Förderung kollektiver Maßnahmen etc.). Hinzu kommen weitere, oftmals nicht nachvollziehbare Einschränkungen bei der Förderung von Maßnahmen (z.B. keine „Aufstiegsförderung"). Lange Beantragungszeiten sowie anfallende Sperrfristen erschweren zusätzlich die erfolgreiche Durchführung von auf den Arbeitsmarkt ausgerichteten Qualifizierungsmaßnahmen. Um den Transfer der von Beschäftigungsabbau Betroffenen in neue Beschäftigung zu beschleunigen, ist ein Umdenken innerhalb der derzeitigen Förderpraxis notwendig.

Tab. 2 **Kosten einer Transfergesellschaft**

Kostenart	Kostenhöhe	Kostenträger[31]
Lohnleistungen in Zeiten struktureller Kurzarbeit	60% bzw. 67% des letzten Nettolohnes	Bundesanstalt für Arbeit (Kug)
• Sozialversicherungs- beiträge für die Zeit der Kurzarbeit	Arbeitgeber- und Arbeit- nehmeranteile auf der Basis von 80% des Bruttolohnes	1. Unternehmen, Sozialplan 2. in Ausnahmefällen: Bundesanstalt für Arbeit
• Lohnleistungen für Urlaub und bezahlte Feiertage.(In diesen Zeiten wird Kug nicht gewährt)	Voller Lohn, wenn nicht gesonderte Regelungen zwischen den Sozialpart- nern vereinbart wurde	Unternehmen, Sozialplan
• Qualifizierung	Qualifizierungskosten pro Unterrichtsstunde und Teilnehmer bzw. Teilneh- merin	1. Unternehmen, Sozialplan 2. Bundesanstalt für Arbeit 3. ggf. Landesmittel
• Projektleitung, Overhead	Mit der Transfergesellschaft zu vereinbaren	1. Unternehmen, Sozialplan 2. ggf. Landesmittel
• Sonstiges (z.B. Miete, Steuerberater)	Abhängig z.B. von der Bereitstellung von Räum- lichkeiten	1. Unternehmen, Sozialplan

---

[31] Eine Beteiligung der Arbeitnehmer in Beschäftigung bzw. der Teilnehmer an Transfermaßnahmen an den Kosten einer Transfergesellschaft ist in dieser Auf- stellung nicht berücksichtigt worden. Allerdings sollte diskutiert werden, ob solch eine finanzielle Beteiligung - ähnlich wie in den österreichischen Arbeits- stiftungen - nicht sinnvoll ist.

4.4 Absicherung von Qualitätsstandards

Die Gründung einer Transfergesellschaft kann sich nur dann als wirksames arbeitsmarktpolitisches Instrument erweisen, wenn die dort angebotenen Maßnahmen den Interessen der Betroffenen aber auch den Erfordernissen des Arbeitsmarktes entsprechen. Aus der langjährigen Erfahrung im Umgang mit der Arbeitslosigkeit sind in den Beschäftigungs-, Qualifizierungs- und Vermittlungsgesellschaften aber auch in den Kommunen, bei freien Trägern, in der Arbeitsverwaltung und in den Unternehmen eine Reihe entsprechender Konzepte und Instrumente entwickelt und zum Teil auch dokumentiert worden[32]. Hier steht die Geschäftsführung und der Beirat einer Transfergesellschaft in der Verantwortung, geeignete Maßnahmen, im Sinne einer „best practice", auszuwählen, deren Erfolg ständig zu überprüfen und sie gegebenenfalls an die konkrete Situation anzupassen. Insbesondere Gewerkschaften und Betriebsräte müssen ein besonderes Interesse daran haben, dass den Teilnehmern ein Höchstmaß an Qualität in der Orientierung, Qualifizierung und Vermittlung angeboten wird. Es erscheint sinnvoll, zur Evaluation der Angebote neutrale, externe Berater oder Forschungsinstitute hinzuzuziehen. Wie in anderen Bereichen der Wirtschaft gängige Praxis, ist anzustreben, dass sich Transfergesellschaften zertifizieren lassen.

---

[32] So sind zum Beispiel die Erfahrungen und Ergebnisse einer Reihe von QUATRO und ADAPT Projekten auf einer von der G.I.B. herausgegebenen CD-Rom dokumentiert worden. (Gesellschaft für innovative Beschäftigungsförderung gGmbH (Hrsg.): QUATRO & ADAPT Projekte und Ergebnisse, CD-Rom, Bottrop 1999)

4.5 Öffentlichkeitsarbeit

Wird aufgrund von Umstrukturierungs- bzw. Flexibilisierungsprozessen oder im Rahmen einer Unternehmenskrise die Gründung einer Transfergesellschaft erwogen, so haben sich öffentliche Aktionen (z.B. der Belegschaft) im Vorfeld als nützlich erwiesen, um u.a. Akzeptanz und Interesse in der Bevölkerung, aber auch bei anderen Unternehmen der Region zu schaffen. Dieses öffentliche Interesse kann u.U. dazu führen, die zuständigen politischen Stellen zu einem schnelleren Handeln zu veranlassen. Dies ist um so bedeutender bei Branchen oder Unternehmenszweigen, bei denen Krisen oder Stillegungen nicht ebenso als gesellschaftspolitisches Ereignis angesehen werden, wie dies beispielsweise beim Bergbau der Fall ist.

Die Zielvorgabe einer Transfergesellschaft, einen ungebremsten Personalabbau bei Unternehmenskrisen zu verhindern, um so u.a. den betreffenden regionalen Arbeitsmarkt vor noch höherer Arbeitslosigkeit zu bewahren, steht im arbeitsmarktpolitischen und damit auch im öffentlichen Interesse und sollte daher bei einer (auf Imageverbesserung ausgerichteten) Öffentlichkeitsarbeit stets unterstrichen werden.

Als wichtiger Erfolgsfaktor einer Transfergesellschaft hat sich die „interne Öffentlichkeitsarbeit" erwiesen, d.h. allen Teilnehmern müssen schon zu Beginn der Maßnahmen die zentralen Zielsetzungen hinreichend vermittelt werden. Nur durch eine frühzeitige und umfassende Information aller Beteiligten (Teilnehmer und Mitarbeiter) lassen sich Missverständnisse und Konzeptionsdebatten vermeiden. Um einen ständigen Informationsfluss zu gewährleisten, sollte daher eine betriebliche Anlaufstelle geschaffen werden, welche die nötige Informationsverbreitung realisieren kann.

4.6 Fallbeispiele

Wenn im folgenden der Einsatz einiger der oben beschriebener arbeitsmarktpolitischer Maßnahmen an vier Fallbeispielen beschrieben wird, ist mit der Auswahl der Beispiele kein Anspruch auf eine Repräsentativität verknüpft. Sie wurden gewählt, um unterschiedliche Möglichkeiten und Probleme des JobTransfers zu illustrieren. Während es sich bei der PPS Personal-, Produktions- und Servicegesellschaft mbH um Transfermaßnahmen handelt, die eher der Umstrukturierung und Sicherung des Altunternehmens dienen, wurde das Beispiel der Eko Stahl AG aufgenommen, um die vielfältigen Probleme darzustellen, die mit dem Transformationsprozess in Ostdeutschland verknüpft sind. Auf die Beschreibung anderer sektoraler oder regionaler Trägergesellschaften in den neuen Bundesländern wurde hier verzichtet. Deren unterschiedliche Erfahrungen mit Transfermaßnahmen sind an anderer Stelle bereits hinreichend beschrieben worden. [33] Mit der Beschäftigungsgesellschaft Dornier und HV TransFair (Hypo Vereinsbank) werden zwei Fallbeispiele jenseits der altindustriellen Stahlproduktion eingebracht. Dies geschieht in der Hoffnung, dass Erfahrungen aus anderen Industrie- oder Dienstleistungsbereichen für die anstehenden Umstrukturierungsprozesse in der Eisen- und Stahlindustrie fruchtbar gemacht werden können.

---

[33] Vgl. dazu: Maliszewski, Bärbel: Beschäftigungs- und Qualifizierungsinitiativen in den neuen Bundesländern - Ein Produkt aus dem ADAPT Projekt CRETA „Aktive Beschäftigungspolitik in Betrieb und Region", Düsseldorf, o. Jg.

4.6.1 PPS Personal-, Produktions- und Servicegesellschaft mbH[34]

Zum Erhalt der Wettbewerbsfähigkeit und zum Erhalt personalwirtschaftlicher und sozialer Standards wurden bei der Salzgitter AG neue personalwirtschaftliche Instrumente genutzt und die PPS Personal-, Produktions- und Servicegesellschaft mbh als 100prozentige Tochter der Salzgitter AG gegründet.

Als Ziele des Unternehmens werden „Erhalt und Verbesserung der Wirtschaftlichkeit der SZAG und ihrer Beteiligungsunternehmen" , „Erschließung neuer Produktions- und Marktfelder zur Sicherung bestehender und Schaffung neuer Arbeitsplätze", „Personalgestellung und Erbringung von Dienstleistungen für den Salzgitter-Konzern und Dritte" sowie „Sozialverträgliche Durchführung notwendiger Personalanpassungsmaßnahmen" beschrieben.
Folgende Bereiche gingen vom Altunternehmen in die PPS über:

- **Berufliche Bildung**
- **Zentrale Anlagentechnik**
- **Transportzentrale**
- **Sozialbetrieb**
- **Arbeitsmedizin**
- **Arbeitssicherheit**
- **Werkschutz**
- **Grafischer Betrieb**

---

[34] Die folgenden Ausführungen beziehen sich auf einen Vortrag von Michael Kieckbusch - Geschäftsführer der PPS - bei der Hans Böckler-Stiftung am 20.01.1999

Mit der Ausgliederung dieser marktfähigen Bereiche wurden über einen Haustarifvertrag mit größeren Flexibilisierungsmöglichkeiten und einen Altersteilzeittarifvertrag Personal- und Personalnebenkosten reduziert. Durch den Einsatz der Mitarbeiter in drei Personalpools (Industriepool, Facharbeiterpool, Dienstleistungspool) wurde ein flexibler Personaleinsatz im Altbetrieb aber auch Arbeitnehmerüberlassung an Drittbetriebe möglich. Die Abwicklung arbeitsmarktpolitischer Maßnahmen für Betriebsangehörige in einem zusätzlichen Transferbetrieb (Kurzarbeit, Altersteilzeit) und externe Arbeitslose (Qualifizierung, Einstellungen, Maßnahmen für Schwerbehinderte und Langzeitarbeitslose) gehört außerdem zum Tätigkeitsprofil der PPS.

Die Belegschaft der PPS[35] setzt sich aus früheren Mitarbeitern der Salzgitter AG (übergegangene Bereiche, aus Rationalisierungsmaßnahmen) und neuen Mitarbeitern zusammen. Währen die ehemaligen SZAG-Mitarbeiter Bestandsschutz genießen und die aktuellen SZAG Verdienstsicherungsregelungen auf sie Anwendung finden, werden die neuen Mitarbeiter mit neuen tarifvertraglichen Regelungen eingestellt. Diese enthalten unter anderem eine leistungsbezogene Entlohnung und flexibilisierte Arbeitszeitregelungen. Die im Bereich „Berufliche Bildung" ausgebildeten Mitarbeiter bleiben (zunächst) Mitarbeiter der PPS zu deren tarifvertraglichen Bedingungen.

Für den Kernbereich Stahl der Salzgitter AG ergeben sich aus der Tätigkeit der PPS eine Reihe von Kostenreduzierungen:

- Flexibilisierung des starren Personal-Fixkostenblock
- Einsparungen durch Reduzierung von Fremdvergaben

---

[35] Belegschaftsstand am 30.09.1998: 2.204 Mitarbeiter

- Erbringung von Leistungen für den Stahlbereich, den Konzern und Dritte
- Effizienzsteigerung durch den flexiblen Einsatz von Beschäftigten an mehreren Arbeitsplätzen, die Abdeckung von Mehrarbeitsspitzen und die Vermeidung von beschäftigungslosen Zeiten
- Reduzierung von Lohnnebenkosten bei neuen Mitarbeitern

Mit der Gründung der PPS ist es gelungen, Rationalisierungsmaßnahmen in der Stahlindustrie ohne den Einsatz betriebsbedingter Kündigungen durchzuführen. Die Salzgitter AG hat sich mit diesem Tochterunternehmen außerdem ein Instrument geschaffen, auf künftige Rationalisierungsanforderungen schnell und flexibel reagieren zu können. Die Transferleistungen der PPS beziehen sich nicht vorrangig auf den betriebsexternen Arbeitsmarkt. Die beschriebenen Maßnahmen tragen aber dazu bei, die infrastrukturellen Rahmenbedingungen für den Betrieb in der Region zu verbessern, dort bestehende Arbeitsplätze zu erhalten und neue zu schaffen.

4.6.2   Eko Stahl GmbH[36]

Die Beschäftigungspolitik der EKO Stahl GmbH muss vor dem Hintergrund der ökonomischen Probleme der ehemaligen DDR und der deutschen Vereinigung betrachtet werden. Der mit diesem Transformationsprozess verbundene ökonomische Systemwechsel führte u.a. zu gravierenden Einschnitten in der nun mit dem Weltmarkt konfrontierten und nicht konkurrenzfähigen ostdeutschen Stahlindustrie. Das Ergebnis dieser Entwicklung ist eine weitgehende Deindustrialisierung Ostdeutschlands mit massivem Personalabbau in den industriellen Kernsektoren. Die allgemeine internationale Krise der Stahlindustrie sowie die nun zusätzlich bestehende innerdeutsche Konkurrenzsituation (z.B. zum Ruhrgebiet) führten auch nach Überwindung der schwerwiegendsten Wiedervereinigungsprobleme zu weiteren Personalanpassungsmaßnahmen innerhalb der Unternehmen der Ostdeutschen Stahlindustrie.

Die oben beschriebenen Entwicklungen mündeten darin, dass auch die Stahlproduktion in Eisenhüttenstadt von der Schließung bedroht war. Einzig die erhebliche ökonomische Abhängigkeit der Stadt und der Region vom Eisenhüttenkombinat Ost (EKO)[37] führte bei der Treuhand und der damaligen Bundesregierung zu der Einsicht, den Stahlstandort Eisenhüttenstadt zu erhalten und mit öffentlichen Mitteln als wirtschaftliches „Tor zum Osten" auszubauen.

Durch die 1994 durchgeführte Privatisierung von EKO[38] kam man diesem Ziel näher. Allerdings mussten, um zusätzliche öffentliche Hilfen in

---

[36] Die folgenden Ausführungen beziehen sich auf Hans-Böckler-Stiftung (Hrsg.): Unternehmerische Beschäftigungspolitik – das Beispiel der EKO Stahl GmbH, 1999, Manuskripte 260

[37] Noch Ende der achtziger Jahre war jeder dritte Werktätige in Eisenhüttenstadt im Werk beschäftigt und jeder zweite von ihm wirtschaftlich abhängig

[38] Der belgische Konzern Cockerill Sambre übernimmt EKO am 08.12.1994

Anspruch nehmen zu können, weitere Kapazitäten abgebaut werden. Ziel war es hierbei, die Personalstärke ohne betriebsbedingte Kündigungen zu verringern. Um den nötigen Personalabbau in diesem Sinne sozialverträglich zu gestalten, wurden folgende arbeitsmarkt- und personalpolitische Instrumente genutzt:

- Ausgliederungen ehemaliger Bereiche oder Abteilungen als selbständige (aber von EKO abhängige) Unternehmen
- Vorzeitige Pensionierungen
- Gründung der GEM (Gemeinnützige Gesellschaft für Qualifizierung und produktive Berufs- und Arbeitsförderung der Region Eisenhüttenstadt mbH)
- Unterstützung des QCW (Qualifizierungs-Centrum der Wirtschaft)
- In Planung: Stahlstiftung nach österreichischem Muster

Durch die Ausgliederung und Verselbständigung ganzer Geschäftsbereiche und Abteilungen des ehemaligen Kombinatsstammbetriebs EKO, wurden in der Zeit von 1990 bis Juni 1996 in 51 neu gegründeten oder schon bestehenden Unternehmen die Arbeitsplätze von 2167 ehemaligen EKO-Beschäftigten gesichert. Die EKO-Stahl GmbH unterstützt diese Ausgliederungen von zukunftsfähigen Geschäftsfeldern durch Verträge, die den rechtlich selbständigen Unternehmen in der Startphase eine „Grundauslastung" garantieren. Ohne diese Kooperationsverträge wären viele neugegründete Unternehmen nicht überlebensfähig.

Durch vorzeitige Pensionierungen ab dem 55. Lebensjahr konnten bis 1995 ca. 2000 ehemalige Beschäftigte der Eko-Stahl GmbH in den Vorruhestand gehen. Die EKO-Stahl GmbH gestaltete die vorzeitige Verrentung seiner Beschäftigten durch Altersübergangsregelungen und Alterssozialpläne, trotz fehlender Betriebsrente, ausgewogener als vergleichbare Unternehmen aus der Region.

Am 19.04.1991 wurde die gemeinnützige Gesellschaft für Qualifizierung und produktive Berufs- und Arbeitsförderung der Region Eisenhüttenstadt mbH gegründet (GEM). Mit ihr sind folgende Ziele verbunden:

- Maßnahmen der Arbeitsförderung für Arbeitslose bzw. von Arbeitslosigkeit Bedrohte der Stadt und Region
- Auffangfunktion für EKO-Mitarbeiter

Die GEM erhielt von der Eko-Stahl GmbH vielfältige personelle und materielle Unterstützung. Im einzelnen bestand die Hilfe u.a. aus folgenden Punkten:

- Das Management wurde gestellt.
- Büroinventar u. Technik wurden der GEM überlassen.
- Räume u. Gebäude wurden mietfrei zur Verfügung gestellt.

Auch nachdem die Personalanpassungsmaßnahmen der EKO-Stahl GmbH zum größten Teil abgeschlossen sind, wird die GEM weiter als Auffanggesellschaft für von Personalabbau betroffene Beschäftigte aus der gesamten Region genutzt. Diese führen in erster Linie gemeinnützige, nicht profitable Arbeiten in den Bereichen Landschafts- und Biotopenschutz, Schulrenovierungen, Beseitigung von Hochwasserschäden etc. durch.

Die Tätigkeitsfelder, der bis zum Jahre 2001 befristeten GEM, liegen in der Durchführung von:

- Arbeitsbeschaffungsmaßnahmen
- Beschäftigungswirksame Maßnahmen nach § 249h AFG
- Kurzarbeit (Arbeitszeit Null)

- Sonderförderung „Ältere Arbeitnehmer" (THU)
- Arbeitsbegleitende Qualifizierung (max. 20 %)

Seit dem 12. Dezember 1990 existiert das Qualifizierungs-Centrum der Wirtschaft (QCW), das in seiner ursprünglichen Konzeption vornehmlich Jugendlichen durch berufsvorbereitende Lehrgänge eine berufliche Perspektive aufzeigen sollte. Inzwischen ist das QCW der größte Ausbilder der Region und bietet Weiterbildungs- und Umschulungsmaßnahmen aus folgenden Bereichen an:

- gewerblich- technische Industrie- und Handwerksberufe
- kaufmännische Qualifizierung
- sozialpflegerische Qualifizierung und Projekte
- Berufe des Gastgewerbes
- Projekte mit ausländischen Partnern

Seit Gründung des QCW (1990) bis Ende 1997 wurden ca. 7000 Teilnehmer in Bildungsmaßnahmen weiterqualifiziert. Die EKO-Stahl GmbH leistet einen wichtigen Beitrag zur Arbeit des QCW durch die Bereitstellung von Infrastruktur und Know-How. Darüber hinaus ist die EKO-Stahl GmbH seit dem 01. Januar 1997 alleiniger Gesellschafter des QCW.

Am 01. Januar 1995 wurde ein zusätzliches „Ausbildungszentrum Schweißtechnik" als ein hundertprozentiges, gemeinnütziges Tochterunternehmen des QCW gegründet.

Um auch in Zukunft den von Arbeitslosigkeit bedrohten Mitarbeitern effektiv und schnell helfen zu können, wird über die Gründung einer Stahlstiftung nach österreichischem Muster zwischen der Geschäftsführung der EKO-Stahl GmbH und dem Betriebsrat verhandelt. Nicht zuletzt wegen der Höhe des finanziellen Beitrages, den die EKO-Beschäftigten an die Stiftung abführen müssten, sind die Gespräche bislang ohne Ergebnis geblieben. Hinzu kommen die im deutschen Stiftungs- und Steuerrecht deutlich schlechteren Modalitäten, die den Aufbau einer Stahlstiftung nach österreichischem Vorbild erschweren.

Tabelle informiert abschließend über die bei der EKO-Stahl GmbH angewandten personalpolitischen Instrumente.

Tab. 3   **Sozialverträglicher Personalabbau in der EKO Stahl GmbH vom 1.1.1990 bis 31.12.1997**[39]

Belegschaftsstand 1.1.1990	**11.405 MA** (ohne Azubi)
Ausgliederungen (Ausgründung, Übernahme von Geschäftsfeldern durch bestehende oder neu gegründete Firmen)	2.176 MA
Aufhebungsverträge (mit Abfindung laut Sozialplan)	3.113 MA
Vorzeitige Pensionierung (Vorruhestand, Altersübergangsregelung, Alterssozialpläne)	2.016 MA
Fluktuation (Eigenkündigung, Aufhebungsvertrag auf Wunsch des Arbeitnehmers, verhaltens- und personalbedingte Kündigungen durch Arbeitgeber, sonstige Abgänge)	3.429 MA
Abgänge insgesamt	10.734 MA
Zugänge gesamt (Ersatzbedarf, befristeter und unbefristeter Mehrbedarf, befristete und unbefristete Übernahme Jungfacharbeiter)	1.991 MA
Personalreduzierung gesamt **Belegschaftsstand 31.12.1997**	8.743 MA **2.662 MA** (ohne Azubi)

---

[39] Daten entnommen aus Hans-Böckler-Stiftung 1999, S. 17

4.6.3 Beschäftigungsgesellschaft Dornier

Aufgrund der einschneidenden Strukturkrise in der deutschen Luft- und Raumfahrt sowie in der Verteidigungsindustrie mussten auch bei Dornier Personalkapazitäten reduziert, Standorte geschlossen, konzentriert oder verlagert, nicht mehr relevante Geschäfte eingestellt und neue zivile Geschäftsbereiche aufgebaut werden[40]. So waren im Standort Friedrichshafen 1750 Mitarbeiter von Personalmaßnahmen (davon 1125 Entlassungen) betroffen[41].

Um besondere Fähigkeiten aus der Luft- und Raumfahrttechnik zu bewahren und auf andere Marktbereiche zu übertragen und um die Beschäftigung zu erhalten und auszubauen, wurde 1994 die BST Beratung und Systemtechnik GmbH von früheren Dornier-Mitarbeitern gegründet. Sie ist als Holding mit drei Tochterfirmen (BST-Personalbetreung GmbH, BST-Verkehrstechnik GmbH, SD&E GmbH) organisiert.

Die BST Beratung und Systemtechnik GmbH finanziert sich durch

- Mittel der Arbeitsverwaltung (Strukturkurzarbeitergeld, Mittel für Qualifizierungsmaßnahmen),
- Mitarbeiterentgelte, die durch vorfristiges Ausscheiden (Nichteinhaltung der Kündigungsfristen) von DASA / Dornier an BST gehen,
- Zinsen aus den Sozialplanabgaben der Mitarbeiter (Sonderkonto) und der Einspeisung von Sozialplanmitteln zur Auszahlung des Strukturkurzarbeitergeldes,
- Einnahmen aus laufenden Geschäften und der Arbeitnehmerüberlassung,
- Einnahmen aus Zuwendungen von der Kommune, dem Land, dem Bund und der EU

---

[40] Vgl. Bartel 1998
[41] Vgl. ebd.

- und einer Anschubfinanzierung der DASA / Dornier.

Mitarbeiter, die in die BST eintreten, behalten die Vorzüge des Tarifvertrages sowie ihr Nettogehalt während der Kurzarbeit. Sie erhalten ein befristetes Arbeitsverhältnis, werden qualifiziert und bei Existenz- und Ausgründungen beraten.

Die Dornier Friedrichshafen profitiert von der BST durch die Möglichkeit des Personalabbaus, ohne Kündigungsfristen einhalten zu müssen, wobei auch die Übernahme von unkündbaren Mitarbeitern in die BST möglich ist. Die rechtliche Bindung der Mitarbeit an Dornier entfällt. Kündigungsprozesse und Sozialauswahl konnten vermieden werden. Außerdem stehen ehemalige Mitarbeiter als Leiharbeiter für Restarbeiten zur Verfügung.

In der BST-Personalbetreung GmbH finden alle Angebote der Beratung, der Qualifikation und der Vermittlung statt.

In der Tochtergesellschaft BST-Verkehrstechnik GmbH steht die Entwicklung neuer Projekte und Produkte (z.B. Kfz Prüftechnik, HighTec-Sportartikel, Multimedia, Ultra Light Flugschule) sowie die Erschließung neuer Märkte im Vordergrund. Durch Entwicklung und Weitergabe von technischem und betrieblichem Know-how im Leistungszentrum werden Existenzgründungswillige bei Ausgründungen unterstützt.

Die Abkehr von großindustriellen Produktionsweisen und die Ausdifferenzierung in unterschiedliche Geschäftsfelder bei gleichzeitiger Nutzung vorhandener Potentiale erscheint als eine wichtige, für die Region bedeutsame und auch auf andere Branchen übertragbare arbeitsmarktstrategische Entscheidung.

4.6.4 HV TransFair - Personaleinsatz bei der HypoVereinsbank

Um die notwendigen innerbetrieblichen Flexibilisierungsprozesse bei der Bayrischen HypoVereinsbank schnell, kostengünstig, sozialverträglich und ohne betriebsbedingten Stellenabbau zu unterstützen, ist mit dem Personaleinsatzbetrieb HV TransFair 1997 ein Betrieb geschaffen worden, welcher Mitarbeiter, deren Arbeitsplätze in den verschiedenen Geschäfts- und Dienstleistungsbereichen sowie den Konzernunternehmen wegfallen, übernimmt und anderen Betriebseinheiten (temporär) zur Verfügung stellt.

Zu den Aufgaben von TransFair gehören außerdem die Anpassung von Qualifikationen, die Unterstützung betrieblicher Einheiten bei der Umsetzung von Projekten, die Beratung von Führungskräften bei der personellen Umsetzung von organisatorischen Veränderungen, die Steuerung der Übernahme von Auszubildenden aber auch die Orientierung von Mitarbeitern auf den externen Arbeitsmarkt, bzw. die Unterstützung von Existenzgründungen, wenn sie dies wünschen.[42].

Kernstück des TransFair-Modells sind sogenannte „Task-Force-Teams", in denen zur Zeit etwa 500 Mitarbeiter gegen individuelle Verrechnung flexibel und befristet in den verschiedenen Betriebseinheiten eingesetzt werden. Zur Mitarbeit in der Task-Force können sich Mitarbeiter direkt bewerben. Neben der Möglichkeit für das Unternehmen, auf betriebliche Erfordernisse schnell und flexibel reagieren zu können, stellt das Modell einen neuartigen Qualifizierungsansatz dar („*training with the jobs*").

---

[42] Vgl. Haberkern, Karl-Heinz: TransFair - , Arbeitspapier eines Vortrages gehalten auf der Konferenz „Alternativen zum Personalabbau" am 24. 11. 1998 in Frankfurt.

Das TransFair-Modell wird von den Mitarbeitern akzeptiert, weil die Dienstverträge bestehen bleiben, Betriebsvereinbarungen weiterhin gelten, alle Zusatzleistungen erhalten bleiben und ihre Mobilität durch unbürokratische Leistungen gefördert wird. Da das Modell nicht als „Abschiebebahnhof für ausrangierte Mitarbeiter"[43] konzipiert ist, die Mitarbeiter vollwertige Angestellte der Bank bleiben und auch kein „Lohndumping durch die Hintertür"[44] stattfindet, wird es auch von der Mitarbeitervertretung mitgetragen.

---

[43] Vgl. ebd., S. 8
[44] ebd.

4.7 Fördernde und hemmende Einflüsse auf die Handlungsfähigkeit von Transfergesellschaften

Die Frage, welche Faktoren zum Erfolg oder zum Misserfolg einer beschäftigungsfördernden Einrichtung führen, ist letztendlich nicht generell zu beantworten. Jedes der untersuchten Beispiele ist von einer Vielzahl von internen und externen Einflüssen geprägt, die einen Vergleich unmöglich machen. Interne Faktoren, wie zum Beispiel Zusammensetzung und Status der betroffenen Zielgruppen, beteiligte Akteure, Maßnahmenkataloge, finanzielle, personelle und räumliche Ausstattung und externe Faktoren, wie zum Beispiel die gesetzlichen und tariflichen Rahmenbedingungen und die jeweilige regionale Arbeitsmarktsituation, machen jeden Fall zum Einzelfall. Schwierig wird es insbesondere dann, wenn es sich um internationale Vergleiche handelt.

Trotzdem macht es Sinn, bestehende Beispiele daraufhin zu überprüfen, ob es Einflüsse auf diese Einrichtungen gab, die sich besonders fördernd oder hemmend ausgewirkt haben.[45]

Begrifflichkeit

Der Begriff der „Beschäftigungs-, Qualifizierungs- und Vermittlungsgesellschaft" erscheint mittlerweile als wenig sinnvoll, da es bei den derzeitigen umzusetzenden Maßnahmen zumeist nicht mehr um geförderte Beschäftigung geht. Um den Aspekt des Übergangs in andere Berufsfelder und andere Betriebe besonders hervorzuheben wird mittlerweile dem Begriff „Transfergesellschaft" auch gegenüber anderen Bezeichnun-

---

[45] Eine schematische Übersicht der fördernden und hemmenden Einflüsse auf beschäftigungsfördernde Einrichtungen findet sich im Anhang 6.1.4

gen wie „Arbeitsförderungsgesellschaft" oder „Personalentwicklungsgesellschaft" der Vorzug gegeben.

Gründungsphase und Zielbestimmung

In der Gründungsphase spielt der Zeitfaktor eine nicht unerhebliche Rolle. Längere Produktionsauslaufphasen vergrößern die Möglichkeiten einer sorgfältigen Planung. Wichtig erscheint hier vor allem die frühzeitige Information der örtlichen Arbeitsverwaltung über anstehende Personalentlassungen. Allerdings kann eine lange Auslaufphase trotz Stillegungsbeschluss auch dazu führen, dass die Arbeitnehmer den Gedanken an eine notwendige berufliche Neuorientierung verdrängen.

Wo durch Stillegung ein interner Arbeitsmarkt komplett zusammenbricht und keine Ringverlegungen (Beispiel Sophia Jacoba) mehr möglich sind, stehen die Betreiber beschäftigungsfördernder Einrichtungen naturgemäß vor größeren Problemen als in den Fällen, in denen zumindest ein Teil der freigesetzten Belegschaften in anderen Konzernunternehmen Arbeit finden kann.

Wichtig erscheint eine eindeutige Zielbestimmung der beschäftigungsfördernden Einrichtung. Dort, wo wie im Falle Case verschiedene, sich widersprechende Ziele verfolgt werden (Orientierung der Arbeitnehmer auf den externen Arbeitsmarkt bei gleichzeitiger Fortführung der Produktion bis zur Stillegung), wirkt sich diese Zielpluralität in der Konzeption negativ auf die arbeitsmarktpolitische Zielsetzung aus. Die beruflichen Perspektiven von ausscheidenden Beschäftigten sollten Priorität vor den Erfordernissen des Betriebsablaufs genießen.

Um arbeitsmarktpolitische Interessen von denen des Konzerns zu entkoppeln, erscheint es deshalb sinnvoll, beschäftigungsfördernde Einrichtungen als selbständige Betriebe auszugliedern.

Darüber hinaus ist es förderlich, die Weiterentwicklung der Institution in Richtung strukturpolitisch wirksame Institution mit regionalem Bezug bereits in der Erstkonzeption vorzusehen (Beispiel Arbeitsstiftungen Österreich).

Beteiligte / Initiatoren / Vernetzung

Grundvoraussetzung einer beschäftigungsfördernden Einrichtung ist zunächst einmal die einvernehmliche Zusammenarbeit von Unternehmensleitung und Betriebsrat bei der Umsetzung. Innerhalb des Betriebes sollten verschiedene betroffene Abteilungen (z.B. Personalabteilung, Ausbildungsbereich) rechtzeitig einbezogen werden.

Außerdem ist eine gute Kooperation mit den verschiedenen außerbetrieblichen Akteuren (örtliches Arbeitsamt, Politik, Kammern, Verbände, Kirchengemeinden ...) wichtig. Bei einer regionalen Ausrichtung der Einrichtung ist es hilfreich, schon in der Planungsphase andere Unternehmen der Region einzubeziehen.

Organisation

Beschäftigungsfördernde Einrichtungen sollten sich organisatorisch vom Stammbetrieb lösen. Durch eine eigenständige Betriebsführung wird die

Lösung der Mitarbeiter vom Altbetrieb und somit ihre Orientierung auf den externen Markt erleichtert. Dabei spielen nicht nur psychologische Gründe auf der Mitarbeiterseite eine Rolle. Eine eigenständige Organisation bietet eine Reihe fördertechnischer Vorteile (betriebsorganisatorisch eigenständige Einheit bei Struktur-Kurzarbeitergeld, Vermeidung von Sperrfristen und Anrechnung von Abfindungszahlungen) für den Betrieb und die Mitarbeiter.

Die Frage, wie sich eine beschäftigungsfördernde Einrichtung organisieren sollte, ist nicht eindeutig zu beantworten. Dazu gibt es in Österreich positive Erfahrungen mit der Form der Arbeitsstiftung[46] (Unternehmensstiftung, Branchenstiftung, Insolvenzstiftung, Regionalstiftung). Eine solche Stiftungskonstruktion macht vor allem dort Sinn, wo die Einrichtung als permanentes arbeitsmarktpolitisches Angebot der Region entwickelt werden soll. Bei großen Trägern, wie im Beispiel der Berufsbildungsgesellschaft der Ruhrkohle AG, können auch bereits bestehende und den Beschäftigten bekannte, interne Ausbildungsbetriebe die notwendige Arbeit leisten.

Die Geschäftsführung einer beschäftigungsfördernden Einrichtung muss hauptberuflich und in Vollzeit ausgeführt werden. Ausschließlich ehren- oder nebenamtliche Funktionsträger können den vielfältigen Aufgaben der Einrichtung nicht gerecht werden.

Der administrative Apparat der beschäftigungsfördernden Einrichtung muss ausreichend groß sein. Hierzu ist eine administrative Kernmann-

---

[46] Der Begriff der Arbeitsstiftung ist nicht fest definiert bzw. kein Bestandteil des österreichischen Arbeitslosenversicherungsgesetzes. Er hat sich nach Gründung der ersten Arbeitsstiftung (Voest Alpine) im praktischen Sprachgebrauch etabliert. (vgl. Muth 1998, S.109)

schaft mit operativer Erfahrung notwendig. Eine mangelnde personelle Ausstattung behindert den Erfolg der Einrichtung.

Die Personalabteilung des abgebenden Unternehmens kann und sollte nur bedingt in die Arbeit einbezogen werden, da an dieser Stelle ein Interessenkonflikt zwischen Altunternehmen und der beschäftigungsfördernden Einrichtung besteht. Während erste vorrangig am Personalabbau interessiert sein dürfte, sollten für die zweite Beratung, Outplacement und Qualifizierung im Vordergrund stehen. Außerdem dürften Personalmitarbeiter des Altunternehmens auf erhebliche Akzeptanzprobleme bei den Teilnehmern der Maßnahmen stoßen.

Insbesondere dort, wo es sich um zeitlich befristete Angebote handelt, können externe Berater mit zeitlich begrenzten Honorarverträgen themenbezogen eingesetzt werden. Dadurch kommt es nicht zu einer Verfestigung von Strukturen (Kostenersparnis). Externe Berater / Trainer müssen über spezifische (Zusatz-) Qualifikationen verfügen.

Zur Sicherung der Qualität der Maßnahmen hat sich eine Qualitätskontrolle durch schriftliche Teilnehmerbefragung / Stimmungsbarometer bewährt. Hier ist es wichtig, bestehende Instrumente der Qualitätssicherung weiterzuentwickeln, und in entsprechenden Handbüchern zu dokumentieren.

Die Gründung einer Holdinggesellschaft, die u.a. die Verselbständigung von wettbewerbsfähigen Unternehmensbereichen des abgebenden Unternehmens (Spin Offs) koordiniert, kann eine weitere sinnvolle Unternehmensform sein.

Zielgruppen

Erfahrungsgemäß lassen sich jüngere Beschäftigte mit guter Berufsausbildung schneller auf den externen Arbeitsmarkt orientieren als ältere Beschäftigte mit langer Betriebszugehörigkeit und hoher emotionaler Bindung an den Betrieb. Zusätzliche Problem bereiten andere auf dem Arbeitsmarkt benachteiligte Gruppen wie Geringqualifizierte, Schwerbehinderte und Personen mit Sprachschwierigkeiten.

Bei der Konzeption der Angebote und Maßnahmen ist es wichtig, diese Zielgruppen besonders zu berücksichtigen und entsprechende Maßnahmestrategien zu entwickeln.

Standardisierte Interessen- und Berufseignungstests als Grundlage für die zu führenden Teilnehmerakten können dazu beitragen, Orientierungs-, Vermittlungs-, Qualifizierungs- und Beschäftigungsmaßnahmen zielgruppengerecht zu planen und durchzuführen.

Finanzierung

Der Erfolg von Maßnahmen der Beschäftigungspolitik ist immer auch von der Höhe der eingesetzten finanziellen Mittel abhängig. Alle möglichen Finanzierungsmöglichkeiten (Mutterunternehmen, Arbeitsverwaltung, Bundes- und Landesmittel, Europäischer Sozialfonds etc.) zu kennen und aktivieren zu können, gehört zu den Grundvoraussetzungen einer beschäftigungsfördernden Einrichtung. Dazu gehören Mittel zur Sicherung der Betriebskostens der Einrichtung aber auch zur Sicherung des Lebensunterhaltes der Betroffenen.

Nicht zu vernachlässigen ist allerdings auch, dass die finanzielle Beteiligung nicht nur einen materiellen Beitrag zur Sicherung der Einrichtung darstellt, sondern auch Ausdruck einer ideellen Verbundenheit ist. Aus diesem Grunde macht es Sinn, regionale Akteure und andere Unternehmen, aber vor allem auch die betroffenen Mitarbeitern zumindest mit geringen, eher symbolischen Summen finanziell zu beteiligen. So bringen in den österreichischen Arbeitsstiftungen alle Beschäftigten einen geringen Teil ihres Lohnes und alle Teilnehmer einen Teil ihrer Abfindungssumme (Zinserträge) in die Stiftung ein.

Monetäre Anreize im Sozialplan, die das vorzeitige Ausscheiden von Arbeitnehmern verhindern sollen („Bleibeprämien"), wie sie im Beispiel Case vereinbart wurden, sind der Akzeptanz von beschäftigungsfördernden Maßnahmen eher abträglich.

Inhalt und Durchführung der Maßnahmen

Um Missverständnisse und Konzeptionsdebatten bei den Teilnehmern zu vermeiden, sollten die zentralen Zielsetzungen schon im Vorfeld hinreichend vermittelt werden. Dabei ist es wichtig, die Mitarbeiter frühzeitig und umfassend zu informieren. Mangelnde oder widersprüchliche Informationen erschweren die vertrauensvolle Zusammenarbeit. Ein „Sozialplanbüro" als zentrale betriebliche Anlaufstelle („Serviceagentur") hat sich als positives Mittel der Informationsverbreitung erwiesen.

Gruppendynamisch geprägte Orientierungsphasen haben sich als positive Einstiege in die Orientierung auf den externen Arbeitsmarkt herausgestellt. Wichtig ist hier, wie bei allen anderen Angeboten, dass Berater und Teilnehmer eine gemeinsame sprachliche Ebene finden. Eingesetzte

73

Berater / Trainer sollen über entsprechende Zusatzqualifikationen im Bereich Gruppendynamik und Gesprächsführung verfügen. Bei Seminaren mit überwiegend ausländischen Teilnehmern muss ein Dolmetscher hinzugezogen werden. Das Bildungs- und Qualifikationsniveau der Teilnehmer muss hinreichend berücksichtigt werden. Hier dürfte sich das Fehlen einer Personalstatistik mit Informationen über Qualifikationen, Kenntnisse und Fähigkeiten der Teilnehmer (Qualifikationspotentialanalyse) negativ auswirken.

Umschulungs- und Weiterbildungsmaßnahmen müssen auf andere / neue Wirtschaftsbereiche umorientieren. Dabei sollte praxisorientierten Maßnahmen, die Praktika oder auch befristete Zweitarbeitsverhältnisse enthalten, der Vorzug gegeben werden. Die Maßnahmen müssen berufsfachliche Qualifizierungen für auf dem Arbeitsmarkt nachgefragte Tätigkeiten bieten. Eine ausschließliche „Förderung der Beschäftigungsfähigkeit" und Ausbildung von „Schlüsselqualifikationen" ist wenig sinnvoll.

Auch andere Maßnahmen wie Job-Hunting oder Beratung für Existenzgründungswillige müssen auf die besonderen Bedürfnisse der Betroffenen zugeschnitten sein.

Bei der Durchführung von beschäftigungsfördernden Angeboten soll ein klarer Schnitt zum früheren Arbeitsplatz und zur früheren Arbeitsumgebung gemacht werden. Bei laufender Produktion sollten die Teilnehmer auch durch das Einbringen eigener zeitlicher Ressourcen in die Pflicht genommen werden. Allerdings dürfen die Maßnahmen nicht überwiegend außerhalb der regulären Arbeitszeit stattfinden.

Eine abteilungs- und hierarchieübergreifende Zusammensetzung der Seminar- und Workshopgruppen hat sich als eher negativ herausgestellt. Außerdem sollte für eine gewisse Stabilität der Gruppen gesorgt werden. Ein häufiger Wechsel in der Gruppenzusammensetzung wirkt dem Erreichen der gesetzten Ziele entgegen. Dies gilt ebenso für einen häufigen Wechsel der Seminar- bzw. Workshopleiter.

5 UNTERSTÜTZUNG VON TRANSFER-GESELLSCHAFTEN

5.1 Bestehende regionale Vernetzungs-strukturen in NRW

In Nordrhein-Westfalen sind Ansätze zum Aufbau regionaler Strukturen zur Entwicklung gemeinsamer arbeitsmarktpolitischer Initiativen und zur Unterstützung von Betrieben in Krisensituationen entstanden. In diesen regionalen Kompetenznetzwerken arbeiten Transfergesellschaften, kommunale Träger, Bildungseinrichtungen und Unternehmen, sowie die Interessenvertretungen der Arbeitgeber- und Arbeitnehmerseite in unterschiedlichen Konstellationen zusammen.

In folgenden sieben Regionen haben sich in NRW bereits verschiedene Träger zu regionalen Kompetenznetzwerken zusammengeschlossen (Stand: September 1999):

- **Ostwestfalen Lippe**
- **Östliches Ruhrgebiet (Dortmund, Unna, Hamm)**
- **Emscher / Lippe**
- **Niederrhein (Duisburg, Kreis Wesel, Kreis Kleve)**
- **MEO (Mühlheim, Essen, Oberhausen)**
- **Bergische Städte (Wuppertal, Solingen, Remscheid)**
- **Bonn / Rhein-Sieg Kreis**

In weiteren acht Regionen sollen sich im Verlauf des Frühjahrs 2000 regionale Kompetenznetzwerke ihre Arbeit aufnehmen.

5.2 Unterstützungsstrukturen für Transfergesellschaften auf der Landesebene

Auch in Zukunft werden Transfergesellschaften eine wichtige Rolle bei der Gestaltung des Strukturwandels spielen. Als zeitlich befristete, aber rechtliche selbständige Organisationsformen können sie nur dann Mobilitätsprozesse wirksam unterstützen, wenn sie es verstehen, innerhalb kürzester Zeit - auch in betrieblichen Krisensituationen - sich selbst zu konstituieren und den Betroffenen ihr arbeitsmarktpolitisches Know How anzubieten.

Hier erscheint es sinnvoll, bereits vorhandenes Wissen und operative Erfahrung noch besser zu bündeln und den neu entstehenden Transfergesellschaften schnell und unbürokratisch zur Verfügung zu stellen. Vorschläge zu einer solchen Unterstützungsstruktur sind bereits von verschiedenen Stellen gemacht worden.

So schlägt der Arbeitskreis „Transfergesellschaften" des nordrheinwestfälischen Handwerkstages, der Vereinigung der Industrie- und Handelskammern, der Landesvereinigung der Arbeitgeberverbände NRW e.V., des IG Metall Bezirks NRW, der HBV Landesleitung NRW, des DGB Landesbezirks NRW und der Landesregierung NRW in seiner gemeinsamen Erklärung den Aufbau von „Regionalen Kompetenznetzwerken" vor. In diesen sollen, von den Kammern, den Arbeitgeberverbänden, den Gewerkschaften, den Arbeitsämtern, den Wirtschaftsförderungsorganisationen, den Regionalstellen „Frau und Beruf" / den kommunalen Gleichstellungsbeauftragten benannte Ansprechpartner/innen für Personal-, Arbeitsmarkt- und Wirtschaftförderungsfragen zusammenarbeiten und beratend tätig werden.[47]

---

[47] Vgl. Arbeitskreis „Transfergesellschaften": Gemeinsamen Erklärung des nordrhein-westfälischen Handwerkstages, der Vereinigung der Industrie- und Han-

In der IG Metall ist ein Modellprojekt zur Übernahme von Managementfunktionen bei betrieblichen Umstrukturierungsprozessen entwickelt worden. Dieses unter dem Arbeitstitel „Agentur Neue Arbeit" vorgeschlagene Modell soll die Betriebspartner bei der Formulierung von Interessenausgleichen und Sozialplänen unterstützen, Transfergesellschaften bei der Programmentwicklung sowie bei der Konzeption von Maßnahmen beraten aber auch zentrale Dienstleistungen für Einzelmaßnahmen, Managementdienstleistungen für regionale Maßnahmen und die Qualifizierung von Maßnahmen auf der lokalen Ebene anbieten. Darüber hinaus sollen Einzelmaßnahmen zeitlich befristet mit verschiedenen Angeboten, wie z.B. Beratung bei Ausgründungen, Kurzarbeit Null, Qualifizierungen, Mobilitätshilfen, unterstützt werden.[48]

Im Fachausschuss „Vermittlungs-, Qualifizierungs- und Beschäftigungsgesellschaften (VQB)" wird die Einschätzung geteilt, dass eine betriebsübergreifende Unterstützung beim Aufbau neuer Transfergesellschaften notwendig ist. Insbesondere die Betriebspartner kleinerer und mittlerer Betriebe benötigen einen Wissenspool, auf den sie in Umstrukturierungsprozessen zurückgreifen können.

Nach Ansicht des Fachausschusses muss sich eine solche Unterstützungsstruktur auf die speziellen Probleme von Transfergesellschaften, besonders im operationalen Bereich konzentrieren. Auf keinen Fall darf eine behördenähnliche Organisation entstehen. Außerdem muss eine neu zu schaffende Unterstützungsstruktur dazu beitragen, das Profil von Transfergesellschaften zu schärfen. Insbesondere eine Abgrenzung von

delskammern, der Landesvereinigung der Arbeitgeberverbände NRW e.V., des IG Metall Bezirks NRW, der HBV Landesleitung NRW, des DGB Landesbezirks NRW und der Landesregierung NRW, März 1999 zu Transfergesellschaften in NRW, Manuskript, Düsseldorf 1999, S. 3ff
[48] Vgl. Zweigbüro der IG Metall: „Agentur Neue Arbeit" - Entwurf eines Modellprojektes, Manuskript, Düsseldorf 1999S. 4 ff.

traditionellen Maßnahmen der Beschäftigungsförderung, wie z.B. „Hilfen zur Arbeit" und Arbeitsbeschaffungsmaßnahmen ist anzustreben.

Es erscheint noch nicht ausreichend geklärt, welche Ziele eine solche Unterstützungsstruktur haben sollte, welche Aufgaben sie übernehmen kann wie sie organisiert und finanziert werden könnte und auf welche räumliche oder auch branchenspezifische Einheit sie Bezug nehmen sollte.

Zu diesen offenen Fragen werden wir im folgenden einige Vorschläge unterbreiten und mögliche Alternativen mit ihren Vor- und Nachteilen darstellen.

5.3 Chancen und Risiken einer übergreifenden Unterstützungsstruktur für Transfergesellschaften

In der folgenden Übersicht werden die Chancen, einer übergreifenden Unterstützungsstruktur für Transfergesellschaften, aber auch mögliche Risiken, die sich aus einem solchen Angebot ergeben können, aufgelistet.

Tab. 4   **Chancen und Risiken einer übergreifenden Unterstützungsstruktur für Transfergesellschaften**

Chancen	Risiken
• Unter hohem Zeitdruck (akute Existenzgefährdung des Unternehmens) ist das Management mit der Existenzsicherung ausgelastet und ist mit der Umsetzung der vielfältigen arbeitsmarktpolitischen Instrumente überfordert. Hier kann ein erfahrenes, in der Führung einer Transfergesellschaft fachlich ausgewiesenes Management schnell eingreifen und operative Unterstützung leisten.	• Es besteht die Gefahr, dass die von externen Moderatoren ausgehandelten Vereinbarungen (z.B. arbeitsrechtliche Ausgestaltung des Übergangs vom alten Betrieb in die Transfergesellschaft etc.) durch die örtlichen Akteure nicht nachvollziehbar sind und es so zu Konflikten bei der Umsetzung kommen kann.[49]
• Durch die Verpflichtung von mobilen „Transfergesellschafts-Managern" können für die Leitung einer Transfergesellschaft unerlässliche Kenntnisse und Erfahrungen der Personalführung und -entwicklung, des Arbeits- und Sozialrechts (incl. des Arbeitsförderungsrechts), der aktiven Arbeitsmarktpolitik	• Externe Fachkräfte sollten nur in der Phase des Aufbaus oder bis zur Erreichung vereinbarter Ziele bei einer Transfergesellschaft bleiben. So wird verhin-

[49] „So wichtig professionelle Beratung ist, so unerlässlich ist es auch, die jeweilige Lösung selbst durch alle Höhen und Tiefen 'durchzuverhandeln'. Nur so erreicht man ein Ergebnis, das problemadäquat ist und von den örtlichen Akteuren voll getragen wird" (Knuth / Stolz, S. 49)

80

sowie auch der regionalen Strukturpolitik komprimiert „eingekauft" werden.	dert, dass sich Strukturen festsetzen.
• Erfahrung u. Know How von bereits existierenden Transfergesellschaften / Initiativen steht kurzfristig und gebündelt zur Verfügung.	• Regionale Besonderheiten können nicht ausreichend berücksichtigt werden.
• Fördermittelkonkurrenz kann u.U. vermieden werden.	• Wichtige, in der Region verankerte Persönlichkeiten werden nicht ausreichend eingebunden.
• Qualitätssicherung / Standards der Maßnahmen können festgelegt und evaluiert werden.	• Die beschäftigungspolitische Verantwortung der Unternehmen wird auf die vernetzten Strukturen existierender Transfergesellschaften verlagert.
• Mobilitätsorientierte Lösungen sind auch für kleinere und mittlere Unternehmen (KMU) möglich.	
• Bei branchenübergreifenden Lösungen können Erfahrungen u. Wissen verschiedener Branchen einfließen.	

Aufgaben

Folgende Aufgaben können von einer übergreifenden Unterstützungsstruktur für Transfergesellschaften erfüllt werden:

- *Erfahrungsaustausch*

  Die in den Transfergesellschaften und in anderen Bereichen entwickelten arbeitsmarktpolitischen Instrumente müssen ständig auf ihre Praxisrelevanz überprüft, ihre Standards gesichert und gegebenenfalls angepasst werden. Dazu ist ein ständiger Austausch der relevanten Akteure notwendig. Neu entstehende Transfergesellschaften benötigen in der Aufbauphase operative Unterstützung. Diese kann im Austausch von entwickelten Maßnahmen und erfahrenem Personal bestehen. Im zu schaffenden Netzwerk von Transfergesellschaften, Unternehmen, Gewerkschaften, Verbänden, Behörden, Bildungträgern, etc. können die regionalen Qualifizierungsbedarfe ermitteln und so eine zielgerichtete Orientierung, Ausbildung und Vermittlung der Teilnehmer gewährleistet werden.

- ### *Unterstützung des regionalen Strukturwandels*

  Auf regionaler Ebene sind verlässliche Strukturen notwendig, welche die berufliche Neuorientierung der Arbeitnehmer fördern und die Unternehmen in ihrer Personalpolitik unterstützen. Durch Förderung von Existenzgründungen und Mangement-Buy-Out kann die Ansiedlung von neuen, zumeist kleinen und mittleren Unternehmen forciert werden. Es bedarf einer Zusammenarbeit aller relevanten Akteure, um diese Wandlungsprozesse so zu gestalten, dass sie den Erfordernissen der Regionen, der Unternehmen aber auch den Interessen der betroffenen Arbeitnehmer gerecht werden.

- ### *Lobbying und Politikberatung*

  Davon ausgehend, dass der Strukturwandel sich als ständiger Prozess fortsetzen wird, werden Transfergesellschaften in Zukunft eine noch stärkere Rolle in diesen Wandlungsprozessen spielen (müssen). Deshalb ist es notwendig, dass diese Gesellschaften über eine vernetzte Struktur ihre Interessenvertretung gegenüber politischen Entscheidungsträgern und der Arbeitsverwaltung, aber auch gegenüber Bildungsträgern und anderen Akteuren des Arbeitsmarktes sichern und so die Rahmenbedingungen für ihre Arbeit verbessern. Ein gemeinsames Auftreten der Transfergesellschaften dürfte ihren gesamtgesellschaftlichen Stellenwert erhöhen.

Eine solche Interessenvertretung sollte außerdem die Politik bei der Initiierung neuer Gesetzesvorhaben und deren Umsetzung - auch über die Beratungen zum Bündnis für Arbeit hinaus - unterstützen.

Die genannten Aufgaben stehen zueinander nicht in einem Konkurrenzverhältnis, d.h. eine entsprechend fortentwickelte Unterstützungsstruktur könnte alle Aufgaben in gleicher Weise erfüllen. Allerdings ist zu entscheiden, welchen Anteil die einzelnen Aufgabenbereiche an der künftigen Gesamtkonzeption haben sollen. Von dieser Gewichtung sind weitere Entscheidungen, wie die der Organisationsform, der Finanzierung, der Aufgabenstellung etc. abhängig.

Vorschlag

Zur Unterstützung von Transfergesellschaften ist vom Fachausschuss „Fachausschuss „Vermittlungs-, Qualifizierungs- und Beschäftigungsgesellschaften (VQB)" ein Vorschlag entwickelt worden. Dieser ist im Anhang (6.1.8) dokumentiert.

6. ANHANG

6.1   Materialien

6.1.1 Sozialpläne im Vergleich[1]

Leistungen bei vorzeitigem Ruhestand

Grundsatz	Sozialplan I	Sozialplan II	Sozialplan III	Sozialplan IV
	• arbeitgeberseitige Kündigung unter Einhaltung der Kündigungsfrist (Sozialauswahl) • Meldung beim Arbeitsamt, Anträge auf Leistungen • Rentenantrag ist zu stellen • Art und Weise der Durchführung richtet sich nach jeweiligen gesetzlichen, tarifvertraglichen und betrieblichen Rahmenbedingungen • Nutzung einer externen Qualifizierungsgesellschaft, Kurzarbeit in Einsatzbetrieb möglich		• Arbeitgeberseitige Kündigung unter Einhaltung der Kündigungsfrist • Unverzügliche Meldung beim Arbeitsamt, Anträge auf Leistungen • Eine vorzeitige Beendigung des Arbeitsverhältnisses ist möglich bei Belegschaftsmitgliedern, die das 52. Lebensjahr vollendet haben und darüber hinaus die Anspruchsvoraussetzungen für das vorgezogene Altersruhegeld sowie die Anspruchsvoraussetzungen gemäß Artikel 56 § 2 b EGKS-Vertrag erfüllen	

[1] Alle verglichenen Sozialpläne stammen aus dem Montanbereich

Leistungen bei vorzeitigem Ruhestand

	Sozialplan I	Sozialplan II	Sozialplan III	Sozialplan IV
Abfindungen	• geregelt	• geregelt	• geregelt	
Jubiläum	• geregelt	• geregelt		
Sonderzahlungen	• geregelt	• geregelt		
Wohnrecht	• geregelt	• geregelt		
Arbeitgeberdarlehen	• geregelt			
Hinterbliebene	• geregelt		• geregelt	

Leistungen bei Aufhebungsverträgen

	Sozialplan I	Sozialplan II	Sozialplan III	Sozialplan IV
Grundsatz	• Beiderseitiges Einvernehmen • Arbeitsplatz muss unmittelbar oder mittelbar entfallen • Freigabe durch die Abteilung / den Betrieb muss vorliegen • Versetzung auf zumutbaren Arbeitsplatz kommt nicht in Betracht	• betriebsbedingte Kündigungen möglich, wenn kein zumutbarer Arbeitsplatz angeboten werden kann • Sozialauswahl (nach Betriebszugehörigkeit, Lebensalter, Unterhaltsverpflichtungen)	• Im gegenseitigen Einvernehmen möglich	• Im gegenseitigen Einvernehmen möglich • Bei Ablehnung eines zumutbaren Arbeitsplatzes innerhalb des Unternehmens vor Beendigung des Arbeitsverhältnisses entfallen sämtliche Leistungen (ohne Sonderabfindung für Beschäftigte mit Anspruch auf Anpassungsgeld)
Abfindungen	• geregelt	• geregelt		• geregelt
tarifl. / vertragl. Sonderzahlungen	• geregelt			• geregelt

Leistungen bei Aufhebungsverträgen

	Sozialplan I	Sozialplan II	Sozialplan III	Sozialplan IV
vermögenswirksame Leistungen	• geregelt			
Wohnrecht	• geregelt	• geregelt		• geregelt
Arbeitgeberdarlehen	• geregelt			• geregelt
Urlaubs-und Freizeitansprüche	• geregelt			• geregelt

Leistungen zur Förderung der innerbetrieblichen Mobilität (incl. andere Konzernunternehmen)

	Sozialplan I	Sozialplan II	Sozialplan III	Sozialplan IV
Grundsatz	• Versetzung auf einen angemessenen Arbeitsplatz, wenn dies nicht möglich ist, auf einen zumutbaren Arbeitsplatz	• Versetzungen / Umsetzungen erfolgen unter Berücksichtigung der berechtigten Interessen der Betroffenen. Zumutbare Arbeiten müssen übernommen werden		• Vorrangiges Ziel ist, dass jeder betroffene Beschäftigte auf einen gleichwertigen / angemessenen Arbeitsplatz im Bereich des Unternehmens versetzt wird
Einkommenssicherung	• geregelt	• geregelt		• geregelt
Qualifizierung	• zum Erhalt oder zur Verbesserung der berufl. Qualifikation • nach Beendigung muss ein entsprechender Arbeitsplatz eingenommen werden • Die Qualifizierung findet während der Arbeitszeit statt	• Wenn durch Versetzung notwendig • Interne und externe Maßnahmen werden entwickelt und kostenfrei angeboten • Teilnahme kann nur aus wichtigem Grund abgelehnt werden		• Wenn durch Versetzung notwendig • Interne Maßnahmen werden im Rahmen des Weiterbildungsangebots der RAG AG kostenfrei angeboten

Leistungen zur Förderung der innerbetrieblichen Mobilität (incl. andere Konzernunternehmen)

	Sozialplan I	Sozialplan II	Sozialplan III	Sozialplan IV
Information	• Freistellung für Informationsbesuch am neuen Arbeitsplatz			
Fahrtkosten / Aufwandsentschädigung	• geregelt	• geregelt		• geregelt
Umzug / Wohnraumbeschaffung	• geregelt	• geregelt		• geregelt

Leistungen zur Förderung der Mobilität auf den externen Arbeitsmarkt

	Sozialplan I	Sozialplan II	Sozialplan III	Sozialplan IV
Träger der Maßnahme	• externe Qualifizierungsgesellschaft (gesonderter Betreuungsvertrag)		• Stahlstiftung Saarland	
geplante Maßnahmen / Angebote	• allg. Beratung, Betreuung • Grundqualifizierung • Fachqualifizierung • AB-Maßnahmen • Vermittlung	• "Das Unternehmen verpflichtet sich, die Mitarbeiter auf ihren Wunsch hin bei der Suche nach einem neuen Arbeitsplatz zu beraten und zu unterstützen".	• Angebotene bzw. vermittelte Arbeitsplätze werden nach den Kriterien räumlicher, funktionaler, materieller und sozialer Zumutbarkeit ausgewählt und angeboten	• Zusatzleistungen an Entlassene bei Wiederbeschäftigung außerhalb des Unternehmens
Betreuungszeit	• wird individuell festgelegt • entspricht der jeweiligen Bezugsfrist für Arbeitslosengeld		• wird individuell festgelegt. Dauer der persönlichen Betreuungszeit: Persönliche Kündigungsfrist + 2,5 Monate (Anspruch aus Konkursabfindung) x 4,5	

Leistungen zur Förderung der Mobilität auf den externen Arbeitsmarkt

	Sozialplan I	Sozialplan II	Sozialplan III	Sozialplan IV
Materielle Leistungen	• Differenz zwischen ALG und 90% der bisherigen Nettobezüge werden während der gesamten Betreuungszeit ratierlich ausgeglichen (zusätzliche Abfindungszahlung) (entfällt bei Ablehnung oder Abbruch einer angebotenen Maßnahme) • Auszahlung von 90% der Abfindung nach der Betreuungszeit (plus evtl. nicht aufgebrauchte Teilbeträge der zusätzl. Abfindungszahlung)		• Belegschaftsmitglieder, die jünger als 52 Jahre sind, erhalten eine persönliche Betreuungszeit in der Stahlstiftung Saarland • Es erfolgt eine Ausgleichszahlung durch die Stahlstiftung Saarland, falls z.B. eine Rente wegen Berufsunfähigkeit auf das ALG oder ALH angerechnet wird • Vorschüsse auf Leistungen Dritter: Arbeitnehmer, die vorgezogenes oder flexibles Altersruhegeld beantragt haben, erhalten von der Stahlstiftung Saarland einen Vorschuss in Höhe der zu erwartenden Rentenleistung. Die Höchst-	• Berufliche Starthilfe: unter Berücksichtigung öffentlicher Lohn- und Gehaltsbeihilfen wird das neue Nettomonatsentgelt auf 100 % des früheren Nettomonatsentgelts aufgestockt (Dauer: abhängig vom Alter zwischen 48 u. 54 Monaten) • Mehraufwandsausgleich bei Aufnahme einer Beschäftigung außerhalb des Unternehmens • Die täglichen Fahrkosten zur neuen Arbeitsstelle werden für die Dauer von 12 Monaten erstattet (höchstens in Höhe des Betrages der Trennungsentschädigung

Leistungen zur Förderung der Mobilität auf den externen Arbeitsmarkt

	Sozialplan I	Sozialplan II	Sozialplan III	Sozialplan IV
Materielle Leistungen			grenze beträgt 60% des monatlichen Nettoeinkommens der letzten 12 Monate vor dem Ausscheiden. Der Vorschuss wird höchstens für die Dauer von 6 Monaten gewährt.	(höchstens in Höhe des Betrages der Trennungsentschädigung) • Umzugskosten werden in voller Höhe erstattet (innerhalb von 3 Jahren seit Arbeitsaufnahme) • einmalige Einrichtungsbeihilfe nach Familienstand u. Zahl der unterhaltsberechtigten Angehörigen • Trennungsentschädigung (für die Dauer von 3 Jahren seit Arbeitsaufnahme). Fahrkosten für eine monatliche Familienheimfahrt werden in voller Höhe erstattet • Vergleichbare Leistungen des neuen Arbeitgebers werden auf Leistungen der RAG angerechnet.

6.1.2 Mobilitätsfördernde Sozialplan-Konzeption im Papier „Transfer-Sozialplan. Neues Denken und neue Wege zur gemeinsamen Gestaltung des Strukturwandels in der chemischen Industrie"

Leistungen zur Förderung der Mobilität auf den externen Arbeitsmarkt		
	Transfer-Sozialplan-Konzeption	**Gesetzliches Instrumentarium**
Grundsatz	• Transfersozialplan als wichtiger Baustein zum Ausgleich zwischen Anpassungsfähigkeit und Arbeitsplatzsicherheit • muss im Vergleich zum bisherigen Instrumentarium kostenneutral sein und darf nicht zu einer zeitlichen Verzögerung der Betriebsänderung führen • Der Beschäftigungstransfer ist auf den ersten Arbeitsmarkt gerichtet, Vermittlung geht in jeder Phase vor Qualifizierung u. Orientierung • Während des gesamten Transferprozesses sind die Bestrebungen von Mitarbeitern zu fördern, die eine eigene Existenz gründen wollen • Durch abgestufte Transfermaßnahmen sollen Brücken zu neuen Beschäftigungschancen gebaut werden • Anspruch der Kündigung bzw. Aufhebungsvereinbarung nach Abschluss des Interessenausgleichs bzw. nach Abschluss des Transfer-Sozialplans	

Leistungen zur Förderung der Mobilität auf den externen Arbeitsmarkt

	Transfer-Sozialplan-Konzeption	Gesetzliches Instrumentarium
Träger der Maßnahme	• Phasen der Orientierung der Mitarbeiter auf neue Aufgaben u. Beschäftigungsfelder werden z. Teil nicht innerhalb des Betriebs u. während der Arbeitszeit angeboten. „Deshalb sollen ein von den Arbeitgeberverbänden getragenes Netzwerk u. daneben Beteiligungen an lokalen oder regionalen Transfer- u. Personalentwicklungsgesellschaften in Kooperation mit der Arbeitsverwaltung u. anderen Trägern den Transferprozess begleiten u. ihn insbesondere für kleinere u. mittlere Unternehmen unterstützen" (S. 7)	
Finanzierung der im Transfersozialplan festgelegten Maßnahmen	• Eigenbeteiligung des Unternehmens • Drittmittel (z.B. regionale Strukturfonds, EU-Mittel)	• Struktur-Kurzarbeit (§§ 175 ff. SGB III) Struktur-Kurzarbeitergeld als Plattform für die Durchführung der Transfermaßnahmen. „Denn das neue Recht sieht die Situation der strukturellen Kurzarbeit als gewollte Gelegenheit, ‚die Schaffung u. Besetzung neuer Arbeitsplätze zu erleichtern'" (S. 13) • Zuschüsse der Arbeitsverwaltung zu Sozialplanmaßnahmen (§§ 254 ff. SGB III)

Leistungen zur Förderung der Mobilität auf den externen Arbeitsmarkt

	Transfer-Sozialplan-Konzeption	Gesetzliches Instrumentarium

Vorgehen / geplante Maßnahmen / Angebote	• Am Anfang der Transferkette steht die Auswahl der betroffenen Arbeitnehmer nach den Kriterien der Sozialauswahl (§ 1 Abs. 3 KSchG)
	• Steigerung der Beschäftigungschancen der Betroffenen durch konzertierte, zukunftsbezogene Arbeitsvermittlung, d.h. frühzeitige Zusammenarbeit zwischen allen Beteiligten (Arbeitgeber, Betriebsräte u. staatliche Arbeitsvermittlung)
	• Erstellen von Mitarbeiterpotentialprofilen (auch als Anreiz für potentielle neue Arbeitgeber)
	• Zeugnisausstellung o. Erstellung der kompletten Bewerbungsunterlagen
	• Orientierungsberatung zur Feststellung des Qualifizierungsbedarfs / der Qualifizierungsfähigkeit. Ziel ist ein individueller Qualifizierungsplan. Hierbei sollten darüber hinaus die Qualifizierungsform (Qualifizierung in Gruppen) sowie die Verteilung der Qualifizierung auf betriebliche u. außerbetriebliche Qualifizierungsträger (Unternehmensberatungen, Personalentwicklungsgesellschaften) festgelegt werden
	• Bewerbertraining (schriftlich, mündlich)
	• Berufliche Weiterbildung als Qualifizierungsmaßnahme (konkret arbeitgeberbezogene- u. arbeitsmarktbezogene Qualifizierung)
	• Beratungshilfen für Existenzgründungen
		• Maßnahmen in der Transferphase:
		Eingliederungszuschüsse gemäß §§ 217, 218 ff. SGB III
		Mobilitätshilfen gemäß §§ 53, 54 SGB III
		   a) Übergangsbeihilfe
		   b) Ausrüstungsbeihilfe
		   c) Trennungskostenbeihilfe
		   d) Umzugskostenbeihilfe
		Arbeitnehmerhilfe gemäß § 56 SGB III
		Trainingsmaßnahmen gemäß §§ 48ff. SGB III
		Eingliederungsvertrag gemäß §§ 229ff. SGB III

Leistungen zur Förderung der Mobilität auf den externen Arbeitsmarkt

	Transfer-Sozialplan-Konzeption	Gesetzliches Instrumentarium
Leistungen	• Bezahlte Freistellung der betroffenen Arbeitnehmer zur Stellensuche gemäß § I I III Ziffer 6 MTV • Der alte Arbeitgeber unterstützt u.U. die Existenzgründungen durch Existenzgründungszuschüsse, Darlehen, Zinszuschüsse für Kredite, Übernahme einer Bürgschaft, Sachmittel wie Kopiergeräte, EDV-Anlagen oder Abnahmeverpflichtungsverträge für Produkte, Lieferverträge oder Beratungsverträge	• Die Arbeitsverwaltung übernimmt Bewerbungskosten sowie Reisekosten, die im Zusammenhang mit Fahrten zur Berufsberatung, -vermittlung, Eignungsfeststellung u. zu Vorstellungsgesprächen anfallen (§§ 45 ff. SGB III) • Existenzgründungen werden durch Leistungen der Arbeitsverwaltung zusätzlich finanziert: Überbrückungsgeld gemäß §§ 57 ff. SGB III Einstellungszuschüsse bei Neugründungen gemäß §§ 225 ff. SGB III
Zusätzliche „Transferhilfen"	• Durch die im SGB III neu geregelte Zumutbarkeit neuer Arbeitsverhältnisse beschleunigt sich der Transferprozess Einstellhilfen für den neuen Arbeitgeber durch administrative Erleichterungen (z.B. Überlassung der komplettierten Bewerbungsunterlagen, des Mitarbeiterpotentialprofils mit Einwilligung des betroffenen Arbeitnehmers)	• Ab dem siebten Monat der Arbeitslosigkeit gilt jede Tätigkeit als zumutbar, bei der ein Arbeitnehmer mehr verdient, als er an Arbeitslosengeld bekommen hat, d.h. es wird ein Entgeltrückgang bis zu 40% netto für zumutbar gehalten

6.1.3 Synoptische Kurzbeschreibung und Vergleich der Zielsetzungen bestehender Transfergesellschaften sowie kritische Einschätzung ihrer personalpolitischen Funktion

Neben den Erfahrungen aus den Gesellschaften zur Arbeitsförderung, Beschäftigung und Strukturentwicklung (ABS-Gesellschaften), die mit Beginn der 90er Jahre in den neuen Bundesländern entstanden sind[2], liegen mittlerweile auch aus Westdeutschland und dem benachbarten Ausland eine ganze Reihe von Erfahrungen mit Transfergesellschaften (Beschäftigungs-, Qualifizierungs- und Vermittlungsgesellschaften) und anderen beschäftigungserhaltenden bzw. beschäftigungsschaffenden Maßnahmen vor.

Für diese Studie sind drei deutsche und ein österreichischer Ansatz ausgewertet worden:

- *Case Germany* GmbH / Zentrum für Arbeit und Beschäftigung (ZAB)
- *Mypegasus* Beschäftigungs- und Qualifizierungsgesellschaft mbH / (ehem. Bremer Vulkan-Unternehmen)
- *Zeche Sophia Jacoba* GmbH
- *Offene Arbeitsstiftung Steyr* / Verein zur Aus- und- Weiterbildung von Arbeitnehmern

---

[2] Vgl. u.a. Knuth, Matthias: Zwei Jahre ABS-Gesellschaften in den neuen Bundesländern - Ergebnisse einer schriftlichen Befragung im November 1993, Gelsenkirchen, 1994

Synoptische Kurzbeschreibung von vier Transfergesellschaften

	Case Germany GmbH Zentrum für Arbeit und Beschäftigung (ZAB)
Gründungsphase Hintergrund Zustandekommen Zeitpunkt / Dauer Initiative / Beteiligte	5. Mai 1993: Bekanntgabe des amerikanischen Case- Konzerns, im Rahmen eines konzernweit angelegten Restrukturierungsprogramms, sein Neusser Produktionswerk Ende 1997 zu schließen (Einstellung des Schleppermodells „Maxxum") Es verlieren 1038 Case-Beschäftigte ihren Arbeitsplatz. 7. Oktober 1993: **längste Betriebsversammlung** der bundesdeutschen Wirtschaftsgeschichte (Dauer: mehrere Wochen) ohne Erfolg 15. März 1994 bzw. 13. März 1995: Unterzeichnung eines **Interessenausgleichs** u. eines **Sozialplans**, Schließung der Neusser Case-Gießerei als erste Teilstillegung (191 Arbeitnehmer entlassen). Die Idee des **ZAB** entwickelte der Geschäftsführer für Personal u. Recht der Case Germany GmbH (basierend auf arbeitsmarktpolitischen Erfahrungen des CASE-Konzerns aus Frankreich). Das Detailkonzept entwickelte eine französische Unternehmensberatungsgesellschaft. Das ZAB stand den CASE-Beschäftigten von Anfang November 1996 bis Ende August 1997 zur Verfügung. **Politische Unterstützung** erhielt die Entwicklung des ZAB im März 1994 auf der Neusser Arbeitsmarktkonferenz durch den Bürgermeister der Stadt Neuss
Organisationsform	4. Juli 1995: Gründung der „**Gesellschaft für Arbeit u. Beschäftigung mbH**" (**GAB**) als Trägerinstitution des ZAB. (gemeinnütziges Unternehmen) Gesellschafter: • Arbeitgeberverband Metall u. Elektroindustrie Düsseldorf e.V. • Kreishandwerkerschaft Kreis Neuss • Stadt Neuss

Case Germany GmbH	
Vernetzung	Gestalterische Beteiligung zahlreicher Akteure aus Politik, Verwaltung und Verbänden **Beirat** der GAB setzte sich zusammen aus: • Betriebsrat Case Germany GmbH • Landesarbeitsamt • Arbeitsamt Neuss • Land NRW • IG Metall
Finanzierung	Öffentliche Förderung aus dem **Landesprogramm „Profis"** in Höhe von 1,5 Millionen DM (Ministerium für Wirtschaft, Mittelstand, Technologie u. Verkehr NRW) 1 Million DM durch die **Case Germany GmbH** in Form von internen Personalkosten u. Infrastruktur
Ziele	**Konzeption des ZAB:** • Verzahnung von personal- politischen Zielen der Case Germany GmbH sowie von allgemein arbeitsmarktpolitischen Zielen; <u>arbeitsmarktpolitisch:</u> • Vermeidung von Arbeitslosigkeit durch Verbesserung der „**Beschäftigungsfähigkeit**" der von Entlassung bedrohten Arbeitnehmer • Berufliche Neuorientierung <u>betriebswirtschaftlich:</u> • Erreichen der Produktionsauslaufziele trotz Stillegungsbescheids Vermeidung von Demotivation / Bindung der Mitarbeiter an das Unternehmen bis zur Schließung
Zielgruppen	Beschäftigtenstruktur der von Entlassung bedrohten Arbeitnehmer der Case Germany GmbH: **vor allem ältere, gering qualifizierte und ausländische Arbeitnehmer mit langer Betriebszugehörigkeit**

Case Germany GmbH	
Inhalte, Tätigkeitsfelder	**Kernleistungen des ZAB:**
Orientierung Vermittlung Qualifizierung Beschäftigung Arbeitnehmerüberlassung Existenzgründung	• **Beratungszentrum**: Aufarbeitung von emotionalen Aspekten („Kündigungsschock") sowie berufl. Neuorientierung (Lebenszyklusanalyse, Laufbahnbilanz, Stärken-Schwächen-Analyse) • **Job-Center**: Vorbereitung sowie Durchführung einer aktiven Bewerbungskampagne (Analyse des „offenen" Arbeitsmarktes, Erstellen von Bewerbungen, aktives Bewerbungstraining etc.) **Zusätzliche Leistungen im ZAB:** • Job-Hunting • Klassisches Outplacement für einige Führungskräfte • eine öffentlich geförderte Analyse von Ausgründungspotentialen sowie individuelle Gründungsberatung durch eine gesonderte Beratungsgesellschaft • Qualifizierungsberatung in Kooperation mit dem örtlichen Arbeitsamt • Analyse der individuellen finanziellen Situation in Kooperation mit der örtlichen Sparkasse • Rentenberatung durch Versichertenälteste der Rentenversicherung
Ergebnisse quantitative qualitative	Das **Job-Hunting** ergab bei 2720 Unternehmenskontakten ca. 1750 offene Arbeitsstellen (davon ca. 1000, die für die Beschäftigten des CASE-Werkes hinsichtlich ihrer Qualifikationsanforderungen relevant waren). Es führte jedoch nur zu etwa 50 neuen Arbeitsplätzen für die ehemaligen Case Beschäftigten außerhalb des Betriebes. Die **Wiedereingliederungsquote** früherer CASE-Arbeitnehmer in neue Beschäftigung, die durch das ZAB insgesamt erreicht wurde, beträgt ca. 31 Prozent (IAT-Verbleibs-befragung). Von Oktober 1996 bis März 1997 nahmen ca. 210 CASE-Mitarbeiter an einer **Gruppenqualifizierung** teil (Gabelstapler-Kurs).

Case Germany GmbH	
Ergebnisse quantitative qualitative	Die **betriebswirtschaftliche Zielsetzung** von Case wurde erreicht (s.o.). Das Ziel einer prozessorientierten beruflichen Neuorientierung wurde im ZAB nicht erreicht (IAT-Verbleibsbefragung). Die **arbeitsmarktpolitische Zielsetzung** des ZAB, die Verbesserung der „Beschäftigungsfähigkeit" reduzierte sich im Ergebnis auf „technische Hilfen" (Bewerbungsmappe erstellen etc.). Es ist nicht gelungen, die ausländischen Belegschaftsmitglieder in das ZAB zu integrieren. Bei der **inhaltlichen Ausgestaltung** der ZAB-Angebote wurde das Bildungs- und Qualifikationsniveau der Belegschaft nicht ausreichend berücksichtigt. Der Einsatz von berufsfachlichen Qualifizierungsmaßnahmen war unzureichend. Es fand im Kernelement des ZAB (Beratungs-, Jobcenter) tendenziell eine Umorientierung vom geplanten Gruppenansatz hin zur Einzelfallhilfe statt.
Literatur	**Maag, Andrea** (1996): Motivation und Akzeptanz als Basis für eine wirksame Beschäftigungsbefähigung. Neuss **Kehlenbach, Hans-Peter / Stricker, Monika** (1996): Neue Wege im Umgang mit Personalfreisetzung - Beispiel Case Germany GmbH, in: Personalführung 5/96 **Muth, Josef** (1996): Das Zentrum für Arbeit und Beschäftigung (ZAB) der Case Germany GmbH in Neuss - Ein betrieblicher Ansatz zur Förderung der beruflichen Mobilität im Vorfeld von Entlassungen, in: G.I.B. info 4/96 **Muth, Josef** (1998): Vermeidung von Arbeitslosigkeit bei Massenentlassungen aufgrund von (Teil-) Betriebsstillegungen - Gestaltungsempfehlungen für betriebliche Maßnahmen zur erfolgreichen beruflichen Neuorientierung. Arbeitsmarkpolitischer Teil. Unveröffentlichter Abschlussbericht im Rahmen des „Programms für Industrieregionen im Strukturwandel" (PROFIS)

	mypegasus Bremen / Bremerhaven **Beschäftigungs- und Qualifizierungsgesellschaft mbH** **(ehem. Bremer Vulkan-Unternehmen)**
Gründungsphase Hintergrund Zustandekommen Zeitpunkt / Dauer Initiative / Beteiligte	Febr.1996: **Konkurs** der Schiffbauunternehmen im Vulkan-Verbund, knapp 4400 Arbeitnehmern droht die Arbeitslosigkeit **Finanzpolitische Notwendigkeit, die Produktion trotz Konkurs weiterzuführen** (hohe Bürgschaften durch das Land Bremen) **konträre Zielsetzungen** (Zielpluralität): • Erhalt der Werften • Übergang auf andere Arbeitsplätze • finanzielle Schadensbegrenzung • Standortentwicklung April 1996: **Gründung** der mypegasus - BQG Bremen / Bremerhaven als arbeitsmarktpolitische Flankierungsmaßnahme bei der Umstrukturierung der ehemaligen Vulkan-Unternehmen. Sie arbeitet bis Dezember 1997 Die **Initiatoren** der mypegasus-BQG waren in erster Linie: • der Senator für Arbeit des Landes Bremen • die Betriebsräte der ehemaligen Vulkan-Unternehmen • IG Metall

Organisationsform	Die mypegasus Bremen / Bremerhaven Beschäftigungs- und Quali-fizierungsgesellschaft mbH ist eine **100prozentige Tochter der mypegasus Reutlingen**
	
	mypegasus: 1994 in Reutlingen gegründet
	               (Anwaltsbüro)
	               tätig an verschiedenen Stand-
	               orten, auch in NRW

mypegasus	
Vernetzung	Aufgrund der Vielzahl der berührten Interessen durch den Konkurs der Vulkan-Unternehmen gab es ein **starkes Geflecht von zentralen Koordinations- und Abstimmungsgremien** um die mypegasus-BQG. Ausgewählte **Hauptakteure**: • Senat der Freien Hansestadt Bremen / der Senator für Arbeit • Niedersächsische Landesregierung • Europäische Kommission • Bundesministerium für Arbeit • Die Arbeitsverwaltung • Industriegewerkschaft Metall • Arbeitgeberverband • Universität Bremen
Finanzierung	Die **Gesamthöhe der Ausgaben** betrug insgesamt **ca. 60 Millionen DM**. Finanziert wurden diese Kosten aus • Haushaltmitteln des Landes Bremen • ESF-Mitteln der Länder Niedersachsen u. Bremen • AFG plus-Mitteln der BA • Beiträgen der Konkursverwalter Die BA übernahm innerhalb der Laufzeit der Auffangslösung ca. 30 Millionen DM an Kurzarbeitergeld. Zusätzlich wurde in etwa 50 Fällen Überbrückungsgeld für Existenzgründer bewilligt (v. d. zuständigen Arbeitsämtern)
Ziele	**Konzeptionsziele der mypegasus**: • Unterstützung bei der Suche nach neuen Arbeitsplätzen / Vermittlung in neue Beschäftigung • Berufliche Neuorientierungsmaßnahmen • Existenzgründungsberatung • Qualifizierung der kurzarbeitenden Vulkan-Beschäftigten

mypegasus	
Zielgruppen	Bis auf die Gruppe der Leistungsgeminderten bzw. Schwerbehinderten gab es bei der mypegasus-BQG keine besonders ausgewiesenen Zielgruppe (etwa ausländische oder ältere Arbeitnehmer)
Inhalte, Tätigkeitsfelder Orientierung Vermittlung Qualifizierung Beschäftigung Arbeitnehmerüberlassung Existenzgründung ...	**Koordination** Die mypegasus-BQG war Anlauf- und Koordinationsstelle für die Beschäftigten. **Qualifizierung** Die mypegasus-BQG war zentrale Institution für die Steuerung und Abwicklung von Qualifizierungsmaßnahmen, die durch externe Bildungsträger durchgeführt wurden. **Vermittlung** Vermittlung in neue Beschäftigung hatte Vorrang vor Qualifizierungsmaßnahmen. Im Rahmen der Vermittlungsbemühungen wurden 104 Praktika in Fremdfirmen realisiert. Zentrales Element der Vermittlung war das Zweitarbeitsverhältnis. Rd. 700 Arbeitnehmer haben in über 150 regionalen Unternehmen von dieser Form des Arbeitsverhältnisses Gebrauch gemacht. **Arbeitnehmerüberlassung** Um mehr Flexibilität in der Arbeitnehmerüberlassung zu gewinnen, wurde die konzerninterne WvB (Wellensiek-van Betteray) Verleihgesellschaft gegründet (2.5.1996). **Existenzgründungen** Förderung von Existenzgründungen stand nicht im Mittelpunkt der arbeitsmarktpolitischen Flankierungsmaßnahmen. Dennoch wurden in Zusammenarbeit mit dem RKW (Rationalisierungskuratorium der Deutschen Wirtschaft) 251 Gespräche mit Gründungswilligen geführt.
Ergebnisse quantitative qualitative	Bis Ende Mai 1998 wurden **60 neue Unternehmen** von ehemaligen Vulkan-Beschäftigten gegründet (erwartet werden bis zu 70 Neugründungen). Es wurden so ca. **420 Arbeitsplätze** neu geschaffen bzw. gesichert.

mypegasus	
Ergebnisse quantitative qualitative	Insgesamt wurden **1750 Teilnehmer** in **116** von mypegasus durchgeführten **Qualifizierungsmaßnahmen** weitergebildet. Schwerpunktmäßig wurden hier die Fertigkeiten der technischen Tätigkeiten erweitert bzw. aktualisiert. Von Juli 1996 bis Oktober 1996 nahmen 256 Beschäftigte an sog. **Vorschaltmaßnahmen** (spezielles Bewerbungstraining u. Aufzeigen neuer Arbeitsfelder) teil. **30 Prozent der Arbeitsplätze auf den Werften konnten gerettet werden** (Stand Juni 1998). Ohne Flankierungsmaßnahmen, also ohne BQG, hätte das Konkursverfahren nicht eröffnet werden können. 4360 Arbeitsplätze wären sofort weggefallen. Die **Wiederbeschäftigungsquote** liegt bei ca. **51,5 Prozent** (Schriftliche Befragung von mypegasus-Beschäftigten Jan. 1998). Eine Umorientierung in andere Wirtschaftsbereiche ist gelungen. Im Anschluss an ein **Zweitarbeitsverhältnis** hatten zwei Drittel der Betroffenen einen neuen Arbeitsplatz (Quelle s.o.). Die mypegasus-BQG erlangte für die Betroffenen in sozialpsychologischer Sicht große Bedeutung (Schock über Schließung des Unternehmens konnte gemildert werden). Es ist nicht gelungen, türkische sowie ältere Arbeitnehmer in die mypegasus-BQG zu integrieren.
Literatur	**Der Senator für Arbeit** (1998): Evaluation der arbeitsmarktpolitischen Flankierung der Umstrukturierung ehemaliger Vulkan-Unternehmen. Vorläufiger Abschlussbericht. Hamburg / Gelsenkirchen. (unveröffentlicht)

	Zeche Sophia Jacoba GmbH
Gründungsphase Hintergrund Zustandekommen Zeitpunkt / Dauer Initiative / Beteiligte	Dezember 1991: **Stillegungsbeschluss** des Aufsichtsrates der Zeche Sophia Jacoba GmbH (das letzte Bergwerk des ältesten Steinkohlenreviers Deutschlands), die Steinkohlenförderung bis März 1997 einzustellen. Betroffen sind ca. 3500 Beschäftigte (Stand Ende 1993). **Hintergrund** ist die wirtschaftliche Krise auf dem internationalen Energiemarkt sowie die im Rahmen der 91er Kohlenrunde versagten, dringend benötigten zusätzlichen Subventionen der Bundesregierung. Die Zeche Jacoba war der bedeutendste Arbeitgeber u. Ausbildungsbetrieb in der Region. Zusammen mit einem großen chemischen Unternehmen stellte sie rd. 40 Prozent der industriellen Arbeitsplätze. Die in der Vergangenheit eingesetzten Instrumente zur Bewältigung von Personalabbau ohne betriebsbedingte Kündigungen (Nichtersatz der Personalfluktuation, „Ringverlegung" etc.) reichen aufgrund der Kohle-Überkapazitäten nicht mehr aus. Die Aufnahmekapazitäten anderer Bergwerke sind erschöpft. Anfang 1992 wird die **„Kommission für Zukunftsaktivitäten"** gegründet. 10 leitende Angestellte sowie der Betriebsratsvorsitzende der Zeche Jacoba versuchen, neue Beschäftigungsmöglichkeiten für die von Arbeitslosigkeit bedrohten Arbeitnehmer zu erschließen.
Organisationsform	Die Zeche Jacoba GmbH war ursprünglich eine „bergrechtliche Gewerkschaft". Ende 1988 wurde sie in eine GmbH umgewandelt. Seit dem 1. Januar 1990 ist die Zeche Jacoba GmbH eine Tochtergesellschaft des Ruhrkohle Konzerns.

Sophia Jacoba	
Vernetzung	**„Runder Tisch":** • Ruhrkohle Berufsbildungsgesellschaft • Arbeitsamt • Industrie- u. Handelskammer • Kreishandwerkerschaft • TÜV Alle entscheidenden • **internen Akteure** (Unternehmensleitung, Betriebsrat, Personalabteilung, Sozialplanbüro) u. • **externen Akteure** (Arbeitsamt, Kammern, Weiterbildungsträger) waren in die arbeitsmarktpolitischen Aktivitäten eingebunden.
Finanzierung	Die durchgeführten Qualifizierungsmaßnahmen, sowohl Umschulungen als auch Weiterbildungen, wurden zu 80 Prozent durch den **Europäischen Sozialfonds (ESF)** über das Programm „Strukturhilfen für den Bergbau" kofinanziert. Die restlichen 20 Prozent finanzierte Sophia Jacoba. Öffentliche Zuschüsse zur Ausgestaltung des Stillegungssozialplans
Ziele	Die **Wiederbeschäftigungschancen** der Arbeitnehmer der Zeche Jacoba mit vorwiegend bergbauspezifischen Qualifikationen zu **erhöhen** Vor allem sollte der **Übergang von Bergleuten ins Handwerk** gefördert werden.
Zielgruppen	In erster Linie **Arbeitnehmer mit ausschließlich bergbauspezifischen Qualifikationen** (Berg- und Maschinenmann, Bergjungmann etc.).

Sophia Jacoba	
Inhalte, Tätigkeitsfelder Orientierung Vermittlung Qualifizierung Beschäftigung Arbeitnehmerüberlassung Existenzgründung ...	Die Unternehmensleitung räumte der beruflichen Perspektive von ausscheidenden Beschäftigten Priorität **vor** den Erfordernissen des Betriebsablaufs ein. Es wurden **Umschulungsmaßnahmen** durchgeführt, die jedoch ausschließlich jenen Belegschaftsmitgliedern offen standen, die keine oder keine auf dem Arbeitsmarkt verwertbaren Qualifikationen besaßen. (Es wurden Umschulungsmaßnahmen für die Berufe Maurer, Metallbauer, Ver- u. Entsorger, Elektroniker, Gas- u. Wasserinstallateur, Berufskraftfahrer, (techn.) Betriebswirt u. Krankenpfleger eingerichtet) Facharbeiter wie Schlosser, Elektriker und Kaufleute konnten an **Weiterbildungsmaßnahmen** teilnehmen und so ihre beruflichen Kenntnisse erweitern oder auffrischen. 1992 Einrichtung eines **„Sozialplanbüros"** als eine Art „Servicebüro" für die Arbeitnehmer (war betriebsorganisatorischer Teilbereich der Personalabteilung der Zeche Sophia Jacoba) Aufgaben: • Beratung von Belegschaftsmitgliedern über Sozialplanansprüche • Abrechnung von Sozialplanmitteln • Betreuung von Praktikanten im Rahmen der Gemeinschaftsinitiative • Organisierung u. Verwaltung von Praktikums- und Arbeitsangeboten • Hilfe bei Erstellung von Bewerbungsunterlagen Ab 1994 Beteiligung an der **Gemeinschaftsinitiative „Integration von Beschäftigten der Kohle- und Stahlindustrie in das Handwerk"** (HWI) (bis Febr. 1998). 1993 Gründung der **Sophia Jacoba-Entwicklungsgesellschaft mbH** als Tochtergesellschaft der Sophia Jacoba GmbH. Ihr Ziel war es, durch die Verselbständigung von wettbewerbsfähigen Unternehmensbereichen der Zeche (Spin Offs) u. durch finanzielle Beteiligungen an Unternehmensneugründungen einen Beitrag zur wirtschaftlichen Neuorientierung des Heinsberger Raumes zu leisten (Auflösung 1997).

Sophia Jacoba	
Ergebnisse quantitative qualitative	In der Förderauslaufphase der Sophia Jacoba wurden insgesamt ca. **150 Umschulungen** und **1.200 Einzelweiterbildungsmaß-nahmen** (von 1992 bis 1997 nahmen ca. 700 Beschäftigte an diesen Maßnahmen teil) unter Trägerschaft der Ruhrkohle Berufsbildungs-gesellschaft mbH, Bildungszentrum Hückelhofen, durchgeführt. Die Qualifizierungsmaßnahmen wurden sowohl als Gruppen- wie auch als Einzelschulungen organisiert. Durch das Ableisten eines betrieblichen Praktikums im Rahmen der Handwerksinitiative (HWI) konnten **623 ehemalige Beschäftigte in andere Unternehmen** integriert werden. Durch die Aktivitäten der Sophia Jacoba-Entwicklungsgesellschaft fanden 186 Arbeitnehmer eine neue Beschäftigung. Es hat trotz umfangreichen Personalabbaus **keine betriebsbe-dingten Kündigungen** gegeben. Die Hälfte der ehemaligen Sophia Jacoba- Beschäftigten haben eine neue Arbeitstätigkeit außerhalb des Bergbaus gefunden. 80 Prozent der Teilnehmer an Umschulungsmaßnahmen fanden innerhalb von drei Monaten nach Abschluss ihrer Maßnahme eine Arbeitsstelle im neu erlernten Beruf. Die **Wiedereingliederungsquote** ehemaliger Sophia Jacoba-Beschäftigter in neue Beschäftigung beträgt nahezu 100 Prozent (Arbeitsdirektion).
Literatur	**Muth, Josef** (1998): Vermeidung von Arbeitslosigkeit bei Massen-entlassungen aufgrund von (Teil-) Betriebsstillegungen - Gestal-tungsempfehlungen für betriebliche Maßnahmen zur erfolgreichen beruflichen Neuorientierung. Arbeitsmarktpolitischer Teil. Unver-öffentlicher Abschlussbericht im Rahmen des „Programms für In-dustrieregionen im Strukturwandel" (PROFIS)

	Offene Arbeitsstiftung Steyr **Verein zur Aus- u. Weiterbildung von Arbeitnehmern**
Gründungsphase Hintergrund Zustandekommen Zeitpunkt / Dauer Initiative / Beteiligte	**Umfangreiche Umstrukturierungsmaßnahmen der Steyr Daimler Puch AG**, des bedeutendsten Arbeitgebers der Stadt u. der Region Steyr, führten zu einem Personalabbau von **9.600 Beschäftigten im Jahre 1981 auf 900 Beschäftigte** im Jahre 1995. Der Arbeitsamtsbezirk Steyr weist die höchste Arbeitslosenquote in Oberösterreich auf. Von 1992 bis 1993 gingen durch die Abwanderung zweier weiterer Großbetriebe aus der Region mehr als 500 Arbeitsplätze verloren. Durch Umstrukturierungsmaßnahmen metallverarbeitender Unternehmen in der Region gingen im Zeitraum von 1992 bis 1997 insgesamt ca. 900 Arbeitsplätze verloren. Wirtschaftliche Schwierigkeiten der Gesellschaft für Fertigungstechnik u. Maschinenbau AG (GFM) führten zu Beginn der 90er Jahre zu einer Diskussion über den Aufbau einer Arbeitsstiftung in Steyr. Im Rahmen dieser Diskussion wurde ein **„Runder Tisch"** unter Beteiligung • der Kommune • des Gewerkschaftsbundes • des Sozialministeriums • des Arbeitsmarktservices (Arbeitsverwaltung) eingerichtet. **1993** wurde im Rahmen der Runden Tische die Offene Arbeitsstiftung Steyr (OAS) als **Regionalstiftung** gegründet. Die Konzeption der OAS wurde maßgeblich vom ersten u. noch amtierenden Geschäftsführer entwickelt.
Organisationsform	Die Gesellschaftsform der Stiftung ist die eines (nicht gemeinnützigen) Vereins. Inzwischen wurde der Vereinsaufbau der Stiftung zu einer

Arbeitsstiftung	
Organisationsform	**Holdingstruktur** weiterentwickelt, um zusätzliche arbeitsmarkt-politische Aktivitäten umsetzen zu können (Betrieb einer Genossenschaft für Arbeit, einer Unternehmensgründungsgesellschaft sowie die Betreuung anderer Stiftungen).
Vernetzung	Mitglied der Offenen Arbeitsstiftung Steyr können ausschließlich Unternehmen werden. **Gründungsunternehmen** der Stiftung waren: • GMF Steyr AG • BMW GmbH • Steyr Antriebstechnik GmbH • Steyr Nutzfahrzeuge AG • Enns-Kraftwerke AG • SKF Österreich AG
Finanzierung	Die Finanzierung der Stiftung lässt sich in **drei Ebenen** unterteilen: • Die Grundfinanzierung der Stiftung (Stiftungspersonal, Sachkosten etc.) erfolgt über Stiftungsbeiträge der Mitgliedsunternehmen und durch den „Verkauf" von externen Stiftungsdienstleistungen. • Die Finanzierung der arbeitsmarktpolitischen Maßnahmen erfolgt über Beiträge der Mitgliedsunternehmen sowie über Eigenbeteiligungen der Teilnehmer. • Die Teilnehmer erhalten eine monatliche Zuschussleistung und Arbeitslosengeld über den Arbeitsmarktservice. Sie müssen jedoch auch Eigenleistungen in die Arbeitsstiftung einbringen.
Ziele	Zentrales Ziel der Stiftung ist die **Unterstützung entlassener Arbeitnehmer** aus der Region bei ihrer beruflichen Neuorientierung.
Zielgruppen	Die Teilnehmer der Stiftung werden durch Selektion der personalentlassenden Mitgliedsunternehmen der Stiftung bestimmt.

Arbeitsstiftung	
Inhalte, Tätigkeitsfelder Orientierung Vermittlung Qualifizierung Beschäftigung Arbeitnehmerüberlassung Existenzgründung ...	Um die berufliche Neuorientierung der Teilnehmer einzuleiten, nehmen sie zunächst an **Berufsorientierungsseminaren** teil. Erst danach wechseln die Teilnehmer in Abhängigkeit von ihrem neuen beruflichem Ziel in die verschiedenen Module der Stiftung. **Inhalte der Berufsorientierungsseminare**: • Psychische Bewältigung des Arbeitsplatzverlustes • Selbst-Fremdbild-Übungen, Stärken-Schwächen-Analysen • Begabungs- und Interessentests • Persönlichkeits- und Sozialtrainings • Informationen über relevante Berufsbilder • Kurzpraktika **Ziel**: individueller Bildungsplan • Das **Modul „Aus- und Weiterbildungsmaßnahmen"** stellt innerhalb der OAS den zentralen Ansatz zur Wiedereingliederung der Teilnehmer in den Arbeitsmarkt dar. **Maßnahmen**: • Qualifizierungskurse • Lehrabschlüsse (Umschulungen) aller Berufssparten • Besuch von höheren berufsbildenden Schulen • Besuch von Akademien, Colleges, Fachhochschulen u. Universitäten • Das **Modul „Projekt Selbständigkeit"** wird in der OAS vorwiegend als Alternative zur abhängigen Beschäftigung für die älteren Teilnehmer eingesetzt. Bei persönlicher Eignung können die Teilnehmer ein **Gründerseminar** besuchen, das von einem externen Beratungsunternehmen durchgeführt wird. • **Modul „Maßnahmebündel für die über 50jährigen"**: Speziell auf die schwierige Wiedereingliederung von älteren Teilnehmern in den Arbeitsmarkt ausgelegtes zeitlich gestrafftes Maßnahmebündel. • Das **Modul „Replacement"** zielt auf die unmittelbare Wiedereingliederung der Teilnehmer in den Arbeitsmarkt. Es besteht im wesentlichen aus von der Stiftung zur Verfügung gestellter Infrastruktur (Räumlichkeiten, Personalcomputer, Telefone etc.).

Arbeitsstiftung	
Ergebnisse quantitative qualitative	Insgesamt sind in der Offenen Arbeitsstiftung Steyr seit August 1993 bis Januar 1998 **478 Personen** betreut worden. Der Anteil an ausscheidenden Stiftungsteilnehmern, die wieder in den Arbeitsmarkt integriert werden konnten, beträgt **94 Prozent** (Angabe Stiftungsgeschäftsführung). Seit Bestehen der OAS haben 243 Teilnehmer im Rahmen dieser Einrichtung eine Lehre absolviert o. eine Schule abgeschlossen (50 Prozent aller Teilnehmer). Davon haben 50 Teilnehmer einen Abschluss an einer Universität, einer Fachhochschule o. einer Akademie erreicht. Zwei Drittel aller Absolventen hatten bereits während der noch laufenden Qualifizierungsmaßnahme einen neuen Arbeitsplatz gefunden. Bis Januar 1998 wurden im Rahmen der OAS **16 Unternehmensgründungen** durchgeführt.
Literatur	**Muth, Josef** (1998): Vermeidung von Arbeitslosigkeit bei Massenentlassungen aufgrund von (Teil-) Betriebsstillegungen - Gestaltungsempfehlungen für betriebliche Maßnahmen zur erfolgreichen beruflichen Neuorientierung. Arbeitsmarktpolitischer Teil. Unveröffentlichter Abschlussbericht im Rahmen des „Programms für Industrieregionen im Strukturwandel" (PROFIS)

6.1.4 Fördernde und hemmende Einflüsse auf die Handlungsfähigkeit von Transfergesellschaften
(Ergebnisse / Erfahrungen aus den vier untersuchten Fallbeispielen)

Rahmenbedingungen	Fördernde Einflüsse	Hemmende Einflüsse	Notizen
Gründe für das Zustandekommen / Gründungsphase / Ziele	• Stilllegungsbeschluss mit langer **Produktionsauslaufphase** • **frühzeitige Information** der örtlichen Arbeitsverwaltung über anstehende Personalentlassungen • Konzeption als **strukturpolitisch wirksame Institution**, um arbeitsmarkt- und konzernpolitische Interessen stärker voneinander entkoppeln zu können (längerfristig) • berufliche Perspektiven von ausscheidenden Beschäftigten genießen Priorität vor den Erfordernissen des Betriebsablaufs (bei Stilllegung)	• Eine lange Auslaufphase der Produktion trotz Stilllegungsbeschluss kann jedoch auch dazu führen, dass die Arbeitnehmer den Gedanken an eine notwendige berufliche Neuorientierung verdrängen • **Wegfall eines internen Arbeitsmarktes** durch Stilllegung / keine weitere Ringverlegung möglich (Bergbau) • **Zielpluralität bei der Konzeption** Betriebswirtschaftliche u. arbeitsmarktpolitische Ziele sollen zugleich verfolgt werden • Konkurs des Unternehmens / **Fortführung der Produktion trotz Konkursverfahren** (aus fiskalischen Gründen)	

	Fördernde Einflüsse	Hemmende Einflüsse	Notizen
	• Institutionelle Grundlage im Arbeitslosen-versicherungsgesetz verankert (Österreich) • personal- und strukturpolitisch getragener „**Poolgedanke**" (A-Stiftung)		
Beteiligte / Initiatoren / Vernetzung	• Einvernehmliche **Zusammenarbeit** zwischen Unternehmensleitung u. Betriebsrat bei der Umsetzung • maßgeblich ist eine gute **Kooperation** der verschiedenen betrieblichen u. außer- betrieblichen Akteure: Unternehmensleitung, Betriebsrat, (Sozialplanbüro), Personalabteilung, Ausbildungsbereich, örtliches Arbeitsamt, Kammern und Verbände • Unternehmen einer Region (A-Stiftung)	• ausschließlich ehrenamtliche **Funktions-träger** (innerhalb der Trägerstruktur), die ihre Aufgaben neben ihrem eigentlichen Tagesgeschäft erfüllen müssen	
Organisation (interne und regionale Akteure)	• interne Berufsbildungsgesellschaft (Ruhr-kohle AG) • **Arbeitsstiftungen**: 1) Unternehmens- stiftung, 2) Branchenstiftung, 3) Insolvenzstiftungen, 4) Regionalstiftungen		

	Fördernde Einflüsse	Hemmende Einflüsse	Notizen
	• Stiftungskonstruktion als permanente arbeitsmarktpolitische Einrichtung der Region • **Qualitätskontrolle** durch schriftliche Teilnehmerbefragung / Stimmungsbarometer über die Qualität der Seminare • **externe Berater** mit zeitlich begrenzten Honorarverträgen können themenbezogen eingesetzt werden u. es kommt nicht zu einer Verfestigung von administrativen Strukturen (Kostenersparnis) Der administrative Apparat muss jedoch ausreichend groß sein, da die Personalabteilung des abgebenden Unternehmens viele Aufgaben nur bedingt leisten kann / operative Erfahrung u. eine administrative Kernmannschaft sind wichtig	• externe Berater / Trainer **ohne** spezifische (Zusatz-) Qualifikationen • mangelnde personelle Ausstattung	
Zielgruppen / Teilnehmerzusammensetzung	• Standardisierte **Interessen- und Berufseignungstests** als Grundlage für die zu führenden Teilnehmerakten	•	

	Fördernde Einflüsse	Hemmende Einflüsse	Notizen
Zielgruppen / Teilnehmerzusammensetzung	• Umschulungs- und Weiterbildungsmaßnahmen auch für über 40jährige Beschäftigte	• lange Betriebszugehörigkeit • hohe emotionale Betriebsbindung • hoher Ausländeranteil (zählen auf dem Arbeitsmarkt zu den benachteiligten Gruppen u. müssen daher bei der Konzeption besonders berücksichtigt werden) • hoher Anteil an älteren u. beruflich unqualifizierten Beschäftigten (ebenfalls Problemgruppen) • hohe Schwerbehindertenquote erfordert besondere Maßnahmestrategien •	
Finanzierung / Formen der Förderung	• öffentliche Finanzhilfen (Arbeitsverwaltung, Bundes- und Landesmittel, Europäischer Sozialfonds (ESF)) • Sozialplanmittel um z.B. Unterhaltsgeld auf 100% des früheren Nettolohns aufzustocken		

	Fördernde Einflüsse	Hemmende Einflüsse	Notizen
Finanzierung / Formen der Förderung	• **finanzielle Anreizhierarchie**, um an Orientierungs- und Qualifizierungsmaßnahmen teilzunehmen (aus Kurzarbeit; relevant bei Konkurs ohne Sozialplan) • Reduzierung der Abfindungssumme / Eigenleistung der Teilnehmer (A-Stiftung) • Stiftungsbeiträge der Mitgliedsunter- nehmen • „Potentes Mutterunternehmen"	• Monetäre Anreize im Sozialplan, die das vorzeitige Ausscheiden von Arbeitnehmern verhindern sollen („**Bleibeprämien**")	
Inhalte / Angebote / Maßnahmekonzeption und -adäquanz	• **Zentrale Zielsetzung** muss im Vorfeld hinreichend vermittelt werden, damit Missverständnisse u. Konzeptionsdebatten vermieden werden • **frühzeitiges Informationssystem** mit Aufforderungscharakter für die betroffenen Arbeitnehmer • „**Sozialplanbüro**" als zentrale betriebliche Anlaufstelle („Serviceagentur") • **klarer Schnitt** zum früheren Arbeitsplatz u. zur früheren Arbeitsumgebung	• **Fehlen einer Personalstatistik** mit Informationen über Qualifikationen, Kenntnisse u. Fähigkeiten der AN / Qualifikationspotentialanalyse	

Inhalte / Angebote / Maßnahmekonzeption und -adäquanz	Fördernde Einflüsse	Hemmende Einflüsse	Notizen
	• **Gemeinsame sprachliche Ebene** zwischen Berater u. Teilnehmer wichtig (Zusatzqualifikationen im Bereich Gruppendynamik oder Gesprächsführung)	• Zusammensetzung der Seminar- und Workshopgruppen abteilungs- und hierarchieübergreifend	
	• Das Bildungs- und Qualifikationsniveau der Teilnehmer muss hinreichend berücksichtigt werden / **praxisorientierte Maßnahmen**	• Instabilität in der Teilnehmerzusammensetzung häufige Wechsel der Seminar- bzw. Workshopleiter	
	• gruppendynamisch geprägte **Orientierungsphasen** mit anschließender Qualifizierungsmaßnahme (A-Stiftung)	• Förderung der Beschäftigungsfähigkeit ohne berufsfachliche Qualifizierungs-maßnahmen	
	• Berufsorientierungsseminar (A-Stiftung)	• Maßnahmen überwiegend außerhalb der regulären Arbeitszeit	
	• Umschulungs- und Weiterbildungsmaßnahmen (hierbei wichtig: Umorientierung in andere / neue Wirtschaftsbereiche)		
	• Praktika, Zweitarbeitsverhältnisse		
	• Job-Hunting		
	• spezielles Instrumentarium für Existenzgründungswillige		
	Seminare für ausländische Beschäftigte, falls nötig mit Dolmetscher		

	Fördernde Einflüsse	Hemmende Einflüsse	Notizen
Öffentlichkeitsarbeit / Begrifflichkeit	• **öffentliche Aktionen** der Belegschaft im Vorfeld, um u. a. Akzeptanz u. Interesse zu schaffen • öffentliches Interesse veranlasst die politischen Stellen zum Handeln • Stillegung als gesellschaftspolitisches Ereignis (Bergbau)	• Begriff der Beschäftigungsgesellschaft wenig sinnvoll, da es bei den derzeitigen umsetzenden Maßnahmen nicht mehr um geförderte Beschäftigung geht. „Auch ist die berufsfachliche Qualifizierung im herkömmlichen Sinne nur für einen Teil der Betroffenen notwendig oder sinnvoll, um den Weg in neue Beschäftigung zu finden. Ebenfalls aktuelle Begriffe wie 'Personalentwicklungsgesellschaften' oder 'Transfergesellschaften' betonen ihrerseits nur einen Aspekt. **„Arbeitsförderungsgesellschaften"** scheint uns dagegen ein passender Oberbegriff zu sein, der zudem den Vorteil hat, die für diese Gesellschaften wesentliche Beziehung zur aktiven Arbeitsmarktpolitik und ihren Instrumenten zum Ausdruck zu bringen" (Vulkan-Bericht s. 7)	
„Externe" Faktoren		• schlechte regionale Arbeitsmarktlage • Wirtschaftsstruktur ist wenig diversifiziert	

	Fördernde Einflüsse	Hemmende Einflüsse	Notizen
„Zusätzliche Leistungen"	• durch die Nutzung von strukturbedingter Kurzarbeit können die Beschäftigungsverhältnisse der Arbeitnehmer über den eigentlichen Kündigungszeitpunkt hinaus verlängert werden. Arbeitslosigkeit wird zeitlich hinausgezögert, betroffene AN können in neue Beschäftigungsverhältnisse vermittelt werden		
zusätzliche Aktivitäten	• Gründung einer **Holdinggesellschaft**, die u. a. die Verselbständigung von wettbewerbsfähigen Unternehmensbereichen des abgebenden Unternehmens (Spin Offs) koordinieren kann. Darüber hinaus können Investoren bei der Gründung neuer Unternehmen beraten u. durch die Bereitstellung von ehemaligen Unternehmensgrundstücken unterstützt werden. Hinzu kommen finanzielle Beteiligungen an Unternehmensneugründungen u. Beteiligungen an Kapitalerhöhungen bereits bestehender Unternehmen, die zu neuen Arbeitsplätzen führen können		

6.1.5   Beschäftigungsinterventionen bei Unternehmenskrisen

Abb. I

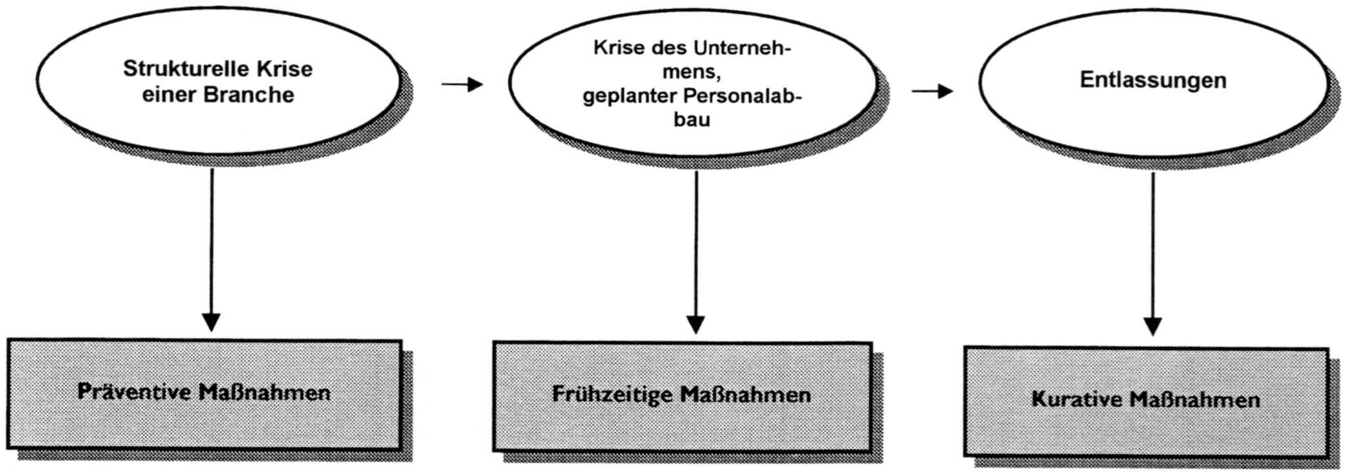

Abb. 2

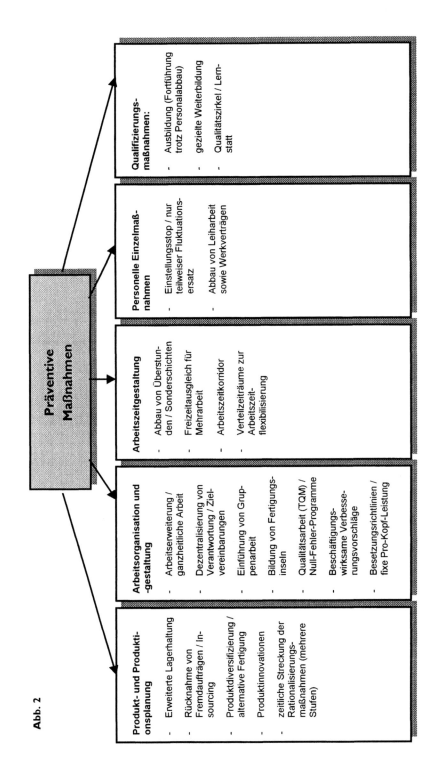

Präventive Maßnahmen

Produkt- und Produktionsplanung

- Erweiterte Lagerhaltung

- Rücknahme von Fremdaufträgen / Insourcing

- Produktdiversifizierung / alternative Fertigung

- Produktinnovationen

- zeitliche Streckung der Rationalisierungsmaßnahmen (mehrere Stufen)

Arbeitsorganisation und -gestaltung

- Arbeitserweiterung / ganzheitliche Arbeit

- Dezentralisierung von Verantwortung / Zielvereinbarungen

- Einführung von Gruppenarbeit

- Bildung von Fertigungsinseln

- Qualitätsarbeit (TQM) / Null-Fehler-Programme

- Beschäftigungswirksame Verbesserungsvorschläge

- Besetzungsrichtlinien / fixe Pro-Kopf-Leistung

Arbeitszeitgestaltung

- Abbau von Überstunden / Sonderschichten

- Freizeitausgleich für Mehrarbeit

- Arbeitszeitkorridor

- Verteilzeiträume zur Arbeitszeitflexibilisierung

Personelle Einzelmaßnahmen

- Einstellungsstop / nur teilweiser Fluktuationsersatz

- Abbau von Leiharbeit sowie Werkverträgen

Qualifizierungsmaßnahmen:

- Ausbildung (Fortführung trotz Personalabbau)

- gezielte Weiterbildung

- Qualitätszirkel / Lernstatt

Abb. 3

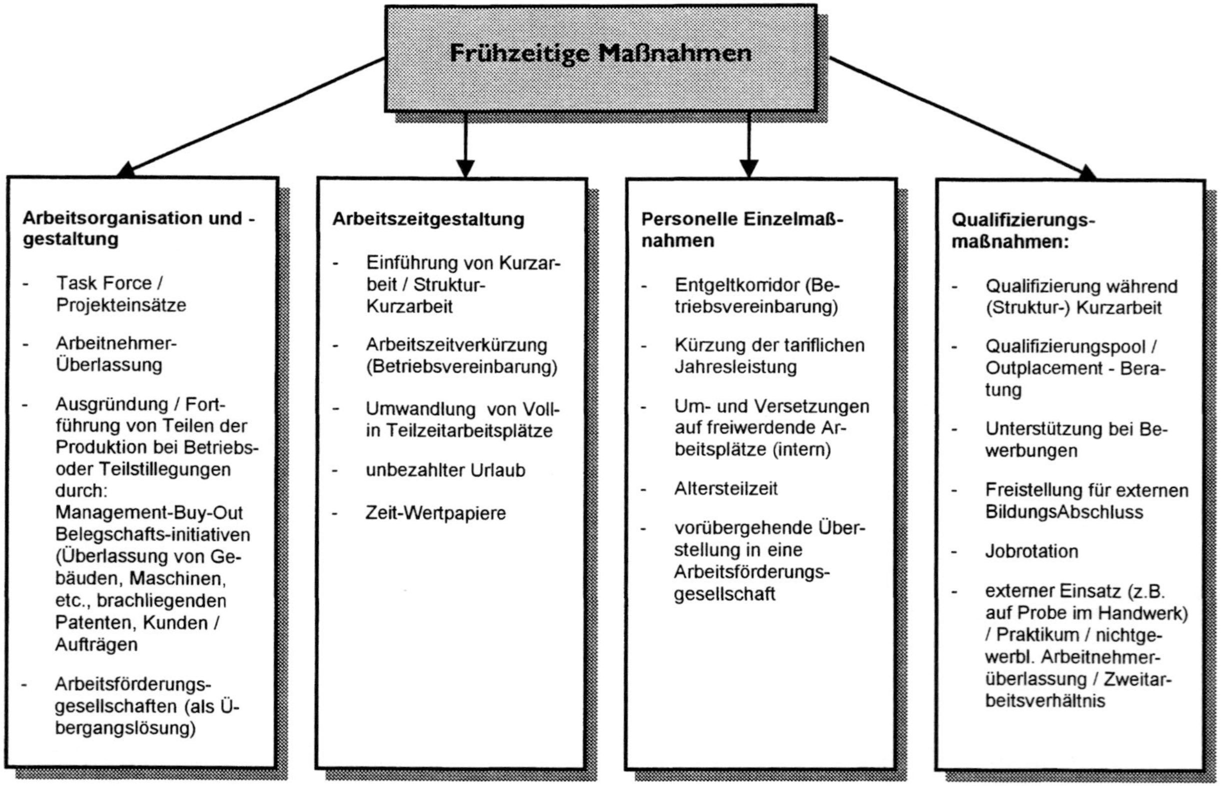

Frühzeitige Maßnahmen

Arbeitsorganisation und -gestaltung

- Task Force / Projekteinsätze
- Arbeitnehmer-Überlassung
- Ausgründung / Fortführung von Teilen der Produktion bei Betriebs- oder Teilstillegungen durch: Management-Buy-Out Belegschafts-initiativen (Überlassung von Gebäuden, Maschinen, etc., brachliegenden Patenten, Kunden / Aufträgen)
- Arbeitsförderungsgesellschaften (als Übergangslösung)

Arbeitszeitgestaltung

- Einführung von Kurzarbeit / Struktur-Kurzarbeit
- Arbeitszeitverkürzung (Betriebsvereinbarung)
- Umwandlung von Vollin Teilzeitarbeitsplätze
- unbezahlter Urlaub
- Zeit-Wertpapiere

Personelle Einzelmaßnahmen

- Entgeltkorridor (Betriebsvereinbarung)
- Kürzung der tariflichen Jahresleistung
- Um- und Versetzungen auf freiwerdende Arbeitsplätze (intern)
- Altersteilzeit
- vorübergehende Überstellung in eine Arbeitsförderungsgesellschaft

Qualifizierungsmaßnahmen:

- Qualifizierung während (Struktur-) Kurzarbeit
- Qualifizierungspool / Outplacement - Beratung
- Unterstützung bei Bewerbungen
- Freistellung für externen BildungsAbschluss
- Jobrotation
- externer Einsatz (z.B. auf Probe im Handwerk) / Praktikum / nichtgewerbl. Arbeitnehmerüberlassung / Zweitarbeitsverhältnis

126

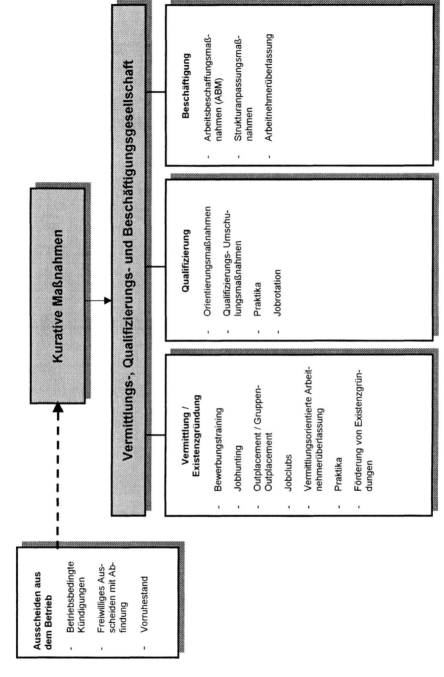

Abb. 4

Kurative Maßnahmen

Ausscheiden aus dem Betrieb

- Betriebsbedingte Kündigungen
- Freiwilliges Ausscheiden mit Abfindung
- Vorruhestand

Vermittlungs-, Qualifizierungs- und Beschäftigungsgesellschaft

Vermittlung / Existenzgründung

- Bewerbungstraining
- Jobhunting
- Outplacement / Gruppen-Outplacement
- Jobclubs
- Vermittlungsorientierte Arbeitnehmerüberlassung
- Praktika
- Förderung von Existenzgründungen

Qualifizierung

- Orientierungsmaßnahmen
- Qualifizierungs- Umschulungsmaßnahmen
- Praktika
- Jobrotation

Beschäftigung

- Arbeitsbeschaffungsmaßnahmen (ABM)
- Strukturanpassungsmaßnahmen
- Arbeitnehmerüberlassung

127

6.1.6 Checkliste der einsetzbaren personalpolitischen / tariflichen Instrumente bei betrieblichen Umstrukturierungen

Name des Betriebes: ....

Präventive Maßnahmen

	Instrument wurde eingesetzt	ist Teil des Sozialplans	wurde diskutiert, aber nicht eingesetzt
Produkt- und Produktionsplanung:			
• Erweiterte Lagerhaltung	☐	☐	☐
• Rücknahme von Fremdaufträgen / Insourcing	☐	☐	☐
• Produktdiversifizierung / alternative Fertigung	☐	☐	☐
• Produktinnovationen	☐	☐	☐
• zeitliche Streckung der Rationalisierungsmaßnahmen (mehrere Stufen)	☐	☐	☐
Arbeitsorganisation und -gestaltung:			
• Arbeitserweiterung / ganzheitliche Arbeit	☐	☐	☐
• Dezentralisierung von Verantwortung / Zielvereinbarungen	☐	☐	☐
• Einführung von Gruppenarbeit	☐	☐	☐
• Bildung von Fertigungsinseln	☐	☐	☐
• Qualitätsarbeit (TQM) / Null-Fehler-Programme	☐	☐	☐

- Beschäftigungswirksame Verbesserungsvorschläge   ☐   ☐   ☐

- Besetzungsrichtlinien / fixe Pro-
  Kopf-Leistung   ☐   ☐   ☐

Arbeitszeitgestaltung:

- Abbau von Überstunden / Son-
  derschichten   ☐   ☐   ☐

- Freizeitausgleich für Mehrarbeit   ☐   ☐   ☐

- Arbeitszeitkorridor   ☐   ☐   ☐

- Verteilzeiträume zur Arbeitszeitflexibilisierung   ☐   ☐   ☐

Personelle Einzelmaßnahmen:

- Einstellungsstopp / nur teilweiser
  Fluktuationsersatz   ☐   ☐   ☐

- Abbau von Leiharbeit sowie
  Werkverträgen   ☐   ☐   ☐

Qualifizierungsmaßnahmen:

- Ausbildung (Fortführung trotz
  Personalabbau)   ☐   ☐   ☐

- Gezielte Weiterbildung   ☐   ☐   ☐

- Qualitätszirkel / Lernstatt   ☐   ☐   ☐

bitte ankreuzen

Frühzeitige Maßnahmen

	Instrument wurde eingesetzt	ist Teil des Sozialplans	wurde diskutiert, aber nicht eingesetzt
Arbeitsorganisation und -gestaltung:			
• Task Force / Projekteinsätze	☐	☐	☐
• Arbeitnehmerüberlassung	☐	☐	☐
• Ausgründung / Fortführung von Teilen der Produktion bei Betriebs- oder Teilstillegung durch: Management-Buy-Out Belegschaftsinitiativen (Überlassung von Gebäuden, Maschinen etc., brachliegenden Patenten, Kunden / Aufträgen)	☐	☐	☐
• Arbeitsförderungsgesellschaften (als Übergangslösung)	☐	☐	☐
Arbeitszeitgestaltung:			
• Einführung von Kurzarbeit / Struktur-Kurzarbeit	☐	☐	☐
• Arbeitszeitverkürzung (Betriebsvereinbarung)	☐	☐	☐
• Umwandlung von Voll- in Teilzeitarbeitsplätze	☐	☐	☐
• Unbezahlter Urlaub	☐	☐	☐
• Zeit-Wertpapiere	☐	☐	☐

	Instrument wurde eingesetzt	ist Teil des Sozialplans	wurde diskutiert, aber nicht eingesetzt
Personelle Einzelmaßnahmen:			
• Entgeldkorridor (Betriebsvereinbarung)	☐	☐	☐
• Kürzung der tariflichen Jahresleistung	☐	☐	☐
• Um- und Versetzungen auf freiwerdende Arbeitsplätze (intern)	☐	☐	☐
• Altersteilzeit	☐	☐	☐
• vorübergehende Überstellung in eine Arbeitsförderungsgesellschaft	☐	☐	☐
Qualifizierungsmaßnahmen:			
• Qualifizierung während (Struktur-) Kurzarbeit	☐	☐	☐
• Qualifizierungspool / Outplacement - Beratung	☐	☐	☐
• Unterstützung bei Bewerbungen	☐	☐	☐
• Freistellung für externen Bildungsabschluss	☐	☐	☐
• Jobrotation	☐	☐	☐
• externer Einsatz (z.B. auf Probe im Handwerk) / Praktikum / nichtgewerbl. Arbeitnehmerüberlassung / Zweitarbeitsverhältnis	☐	☐	☐

bitte ankreuzen

Kurative Maßnahmen bei nicht zu verhinderndem Personalabbau (die Umsetzung der zuvor genannten Maßnahmen ist nicht möglich, z.B. bei Schließung, Outsourcing etc.)

	Instrument wurde eingesetzt	ist Teil des Sozialplans	wurde diskutiert, aber nicht eingesetzt
Ausscheiden aus dem Betrieb:			
• Betriebsbedingte Kündigungen	☐	☐	☐
• Freiwilliges Ausscheiden mit Abfindung	☐	☐	☐
• Vorruhestand	☐	☐	☐
Vermittlung / Existenzgründung:			
• Bewerbungstraining	☐	☐	☐
• Jobhunting			
• Outplacement / Gruppen-Outplacement	☐	☐	☐
• Jobclubs	☐	☐	☐
• Vermittlungsorientierte Arbeitnehmerüberlassung	☐	☐	☐
• Praktika	☐	☐	☐
• Förderung von Existenzgründungen	☐	☐	☐

	Instrument wurde eingesetzt	ist Teil des Sozialplans	wurde diskutiert, aber nicht eingesetzt
Qualifizierung:			
• Orientierungsmaßnahmen	☐	☐	☐
• Qualifizierungs- Umschulungs- maßnahmen	☐	☐	☐
• Praktika	☐	☐	☐
• Jobrotation	☐	☐	☐
Beschäftigung:			
• Arbeitsbeschaffungsmaßnahmen (ABM)	☐	☐	☐
• Strukturanpassungsmaßnahmen	☐	☐	☐
• Arbeitnehmerüberlassung	☐	☐	☐

bitte ankreuzen

6.1.7 Stellungnahme zu den tariflichen und gesetzgeberischen Rahmenbedingungen beschäftigungsfördernder Einrichtungen

Um zukünftige Flexibilisierungsprozesse in der Eisen- und Stahlindustrie sozialverträglich und im möglichst großen Konsens zwischen den Sozialpartnern gestalten zu können, wird es weiterer Veränderungen der gesetzlichen aber auch der tariflichen Rahmenbedingungen bedürfen. Zur Unterstützung dieses Veränderungsprozesses macht der Fachausschuss „Vermittlungs-, Qualifizierungs- und Beschäftigungsgesellschaften" im folgenden einige Vorschläge.

Dabei soll der Handlungsbedarf in Form von Thesen formuliert und auf entsprechende Handlungsmöglichkeiten hingewiesen werden.

These 1   **Wie in anderen Branchen werden sich die Flexibilisierungsprozesse in der Eisen- und Stahlindustrie fortsetzen. Hier muss ein sozialverträglicher Ausgleich zwischen dem Interesse der Betriebe an einer weitgehenden Flexibilisierung der Arbeitsabläufe und dem Interesse der Belegschaften an sicheren Arbeitsplätzen geschaffen werden.**

Die veränderten wirtschaftlichen und gesellschaftlichen Rahmenbedingungen verlangen nach einer Weiterentwicklung des bestehenden Tarifsystems. Unter Erhalt der Tarifautonomie wird es in Zukunft notwendig sein, tarifliche Vereinbarungen besser auf den Schutz der Beschäftigten in einer veränderten Arbeitsgesellschaft (neue Organisationsformen, neue Formen der Arbeit in Produktion und Dienstleistung, prekäre Arbeitsverhältnisse etc.) abzustimmen.

Der Gesetzgeber sollte seine Gesetzesvorhaben auf ihre Wirkung auf das Tarifwesen überprüfen, wobei keine direkte oder indirekte Einflussnahme auf die Tarifautonomie stattfinden darf.

Gegebenenfalls kann überprüft werden, nur tariftreue Unternehmen bei der Vergabe von Aufträgen der öffentlichen Hand zu berücksichtigen.

Gesetzliche Maßnahmen sollten dazu beitragen, die Autonomie der Tarifparteien zu stärken. Nur starke Tarifpartner können in den anstehenden Flexibilisierungsprozessen zu Verhandlungsergebnissen kommen, die für beide Seiten tragbar sind.

These 2   **Es muss davon ausgegangen werden, dass die Flexibilisierung in der Eisen- und Stahlindustrie nicht ohne den Abbau von weiteren Arbeitsplätzen möglich sein wird.**

Zunächst ist an der beschäftigungspolitischen Verantwortung der Unternehmen festzuhalten. Diese Verantwortung erfordert eine langfristige Personalplanung und eine frühzeitige

Entwicklung neuer, wirtschaftlich tragfähiger Einsatzmöglichkeiten für Beschäftigte, die aufgrund von Rationalisierung und Produktivitätssteigerung freigesetzt werden. Wenn in Fällen von Krisen oder Reorganisation ein Personalabbau unumgänglich wird, werden Interessensausgleiche und Sozialpläne in Zukunft weniger auf Abfindungen, Finanzausgleiche und Vorruhestandsregelungen ausgerichtet werden, sondern Mobilitätsförderung und Orientierung auf den externen Arbeitsmarkt in den Vordergrund stellen.

Hier bieten sich verschiedenen Formen einer zielgruppendifferenten Outplacementberatung (Einzel-, Gruppen-Outplacement) an. Entsprechende tarifliche Regelungen gibt es bereits in Frankreich und Belgien.

Von gesetzgeberischer Seite müssen solche Prozesse unterstützt werden. Mit den Instrumenten „Zuschüsse zu Sozialplanmaßnahmen" (SGB III §§ 254 ff.) und „Struktur-Kurzarbeit" (SGB III § 175) bestehen hier bereits gute Ansätze.

These 3   **Hohe Abfindungszahlungen sind nicht geeignet, einem raschen Wiedereinstieg der Betroffenen in den Arbeitsmarkt zu fördern.**

Die Zahlung von Abfindungen war bisher ein bevorzugtes Mittel, Mitarbeiter zum vorzeitigen Ausscheiden aus dem Unternehmen zu motivieren, bzw. ein Ausscheiden sozial abzufedern. Mit Auszahlung der Abfindungssumme endete die Verantwortung des Betriebes für seine Beschäftigten. Diese wurden in vielen Fällen in die Arbeitslosigkeit entlassen oder es wurde ein weicher Übergang in den Vorruhestand ermöglicht. Abfindungen unterstützen aber nicht die Suche nach einen neuen Arbeitsplatz oder die Orientierung auf dem externen Arbeitsmarkt. Die bestehende Abfindungspraxis bevorteilt die Beschäftigten, die aufgrund ihres Alters in den Vorruhestand gehen können, sowie die, die schnell einen neuen Arbeitsplatz finden.

Hier ist zu überlegen, ob Sozialplanmittel dazu genutzt werden können, eine Orientierung auf den externen Arbeitsmarkt durch finanzielle Anreize (Mobilitätsprämien / Staffelung der Abfindungsbeträge) oder Hilfen der Orientierung, Qualifizierung und Vermittlung (Outplacement) zu aktivieren. Auch können Abfindungen dazu genutzt werden, Übergangsbezüge (z.B. bei Kurzarbeit) an den letzten Nettolohn anzugleichen. Derartige Veränderungen im Einsatz zukünftiger Sozialplanmittel müssen tariflich vereinbart werden.

Von Seiten des Gesetzgebers müssen so schnell wie möglich verbindliche Entscheidungen bezüglich der Anrechnung von Abfindungen auf das Arbeitslosengeld und ihrer Versteuerung getroffen werden. Die gegenwärtige Praxis, nach der getroffene Entscheidungen der alten Bundesregierung, welche dazu beitragen sollten, die gängige Abfindungspraxis einzuschränken, von der neuen Bundesregierung ausgesetzt werden, ist für alle Beteiligten wenig befriedigend und verzögert notwendige Veränderungsprozesse in der Sozialplanpolitik.

These 4   **Wenn Abfindungen zu einem hohen Anteil zu versteuern sind und auf Ansprüche gegen die Bundesanstalt für Arbeit angerechnet werden, werden sie gleichermaßen für das Unternehmen teuer und für die begünstigten Arbeitnehmer unattraktiv.**

Nach der Aussetzung der gesetzlichen Neuregelung zur Anrechnung von Abfindungszahlungen durch die neue Bundesregierung 1998 sind bisher (stand März 2000) keine weiteren Regelungen getroffen worden.

Trotz der ungeklärten Lage sollten die Tarifpartner Überlegungen dazu anstellen, wie künftige Sozialpläne den finanziellen Interessen der Betroffenen gerecht werden können, ohne dabei die Interessen der Unternehmen und des Staates zu vernachlässigen.

These 5   **Der Personalabbau in der Eisen- und Stahlindustrie wird in Zukunft immer weniger über Vorruhestandsregelungen zu vereinbaren sein.**

Auch in Zukunft wird auf Alterssozialpläne nicht ganz verzichtet werden können. Allerdings zeigen die Zahlen der noch verbliebenen Mitarbeiter in den in Frage kommenden Altersgruppen in der Eisen- und Stahlindustrie, dass das Modell des „Goldenen Handschlags" zumindest für diese Branche ein Auslaufmodell ist. Vorruhestandsregelungen sind für die Unternehmen immer weniger zu finanzieren, und darüber hinaus ist fraglich, ob der mit dem Ausstieg älterer Mitarbeiter verbundene Wissensverlust in allen Fällen zu kompensieren ist.

Ausstiege aus dem Erwerbsleben über Vorruhestandsregelungen sind auch von gesetzgeberischer Seite erschwert worden. Auch hier bleibt abzuwarten, welche gesetzlichen Veränderungen unter der neuen Bundesregierung Bestand haben bzw. neu getroffen werden.

Zur sozialverträglichen Gestaltung der Endphase des Erwerbslebens dürften Altersteilzeitregelungen an Bedeutung gewinnen. Auch hier wird es wichtig sein, gesetzliche Veränderungen möglichst schnell wirksam werden zu lassen und Rechtssicherheit zu erzeugen.

Aufgabe der Sozialpartner wird es sein, die entsprechenden Gesetzgebungsverfahren kritisch zu begleiten und zu unterstützen.

These 6   **Entlassungen aufgrund betriebsbedingter Kündigungen bedeuten für die Betroffenen wichtige Einschnitte in ihrer Berufsbiographie mit einschneidenden finanziellen aber auch psychologischen Belastungen.**

Mitarbeiter der Eisen- und Stahlindustrie mit langjähriger Betriebszugehörigkeit stellt die Neuorientierung auf dem Arbeitsmarkt vor oft unüberwindliche Hürden. Hier dürfen die Betriebe nicht aus ihrer Verantwortung für ihre Mitarbeiter entlassen werden. Die Tarifpartner müssen Sorge dafür tragen, dass die Betroffenen in entsprechenden Orientierungsangeboten den Arbeitsplatzverlust aufarbeiten können und bei der Planung ihres künftigen Berufsweges sowie bei Aktivitäten der Arbeitsplatzsuche unterstützt werden.

Möglichkeiten der finanziellen Unterstützung derartiger Orientierungsmaßnahmen durch die Bundesanstalt für Arbeit sind vom Gesetzgeber bereits geschaffen worden. Hier kommt es darauf an, diese Angebote durch die Bereitstellung entsprechender finanzieller Mittel zu sichern und die Fördermöglichkeiten transparenter zu machen.

These 7 **Qualifikation / Investition in das Humankapital wird zukünftig immer mehr zu einem Schlüsselfaktor und damit zu einem wichtigen Instrument betrieblicher Umstrukturierungsprozesse.**

Neben der Frage, wie das derzeitige System der beruflichen Erstausbildung den Anforderungen einer veränderten Arbeitsgesellschaft angepasst werden muss, ist auch die Frage zu klären, wie zukünftige Aus- und Fortbildungsmaßnahmen sich modularisieren lassen und in welcher Form sich die erfolgreiche Teilnahme an derartigen Fortbildungsmodulen und Kurzzeitausbildungen verlässlich und allgemeingültig nachweisen lassen (Zertifizierung von Modulen / Qualifizierungspass). „Bildungsgutscheine" für jeden könnten den Prozess des lebenslangen Lernens unterstützen. Hier ist der Gesetzgeber, wie auch die Tarifpartner aufgefordert, entsprechende Vorschläge zu entwickeln, zu erproben und umzusetzen.

Eine weitere Frage ist, wie die Weiterbildungsbereitschaft der Mitarbeiter gefördert werden kann. Hier müssen die Tarifpartner über eine finanzielle oder zeitliche Honorierung dieser Weiterbildungsbereitschaft nachdenken. Die bereits bestehenden Möglichkeiten existierender Bildungsurlaubsgesetze und des Weiterbildungsrahmengesetzes sollten genutzt werden und auch von seiten der Unternehmen als Möglichkeit, in ihr Humankapital zu investieren, betrachtet werden. Dabei wird die Entwicklung von Schlüsselqualifikationen von wachsender Bedeutung sein. Von gesetzgeberischer Seite müssen die zunehmenden Anforderungen an die Lernbereitschaft durch Verbesserung der entsprechenden gesetzlichen und finanziellen Rahmenbedingungen unterstützt werden.

Zu überlegen ist auch, wie innerbetriebliche Aus-, Fort- und Weiterbildungseinrichtungen in die Qualifizierung von Mitarbeitern für externe Arbeitsplätze einbezogen werden können. Entsprechende Maßnahmen bedürfen einer öffentlichen Förderung.

Zwischen den Tarifpartnern sollten Überlegungen angestellt werden, welche eigenen zeitlichen oder finanziellen Beiträge die Mitarbeiter zu ihrer beruflichen Fortbildung beitragen könnten. Zum Beispiel wäre eine Qualifizierungsabgabe, wie sie österreichische Beschäftigte zur Mitfinanzierung der Arbeitsstiftungen entrichten, zu diskutieren.

These 8 **Um Flexibilisierungsprozesse zu gestalten, werden Arbeitszeitregelungen eine zunehmend wichtige Rolle spielen.**

Überstundenabbau und andere Arbeitszeitregelungen gehören bereits jetzt zu den bevorzugt eingesetzten Instrumenten bei sich anbahnenden Unternehmenskrisen. Hier ist zwischen den Tarifparteien zu verhandeln, inwieweit (freiwillige) Teilzeitarbeit, Umverteilung von Arbeit und andere Formen der Arbeitszeitflexibilisierung in Tarifverträgen vereinbart werden können. Teilzeitarbeiter müssen in ihren Arbeitsverträgen den vollzeitbeschäftigten Kollegen gleichgestellt werden. Es sollten außerdem Überlegungen dazu angestellt werden, inwieweit Phasen mit geringem Arbeitsaufkommen als Spielräume für die Weiterbildung der Mitarbeiter genutzt werden können.

Von gesetzgeberischer Seite sollten alle Regelungen, die eine Umverteilung der Arbeit fördern, unterstützt werden. Insbesondere müssen Teilzeitarbeiter in ihren Versicherungs- und Rentenansprüchen ausreichend abgesichert werden.

These 9   **Der Strukturwandel, insbesondere in den durch die Montanindustrie geprägten Regionen, wird sich fortsetzen. Kleine und mittlere Betriebe, vor allem im Bereich der Dienstleistungen, werden weiter an Bedeutung gewinnen.**

Neue Arbeitsplätze sind vor allem in kleineren und mittleren Unternehmen zu erwarten. Es stellen sich grundsätzliche Fragen, ob die Wirtschafts- und Steuerungspolitik nicht zu sehr auf Großunternehmen ausgerichtet sind, deren innovatives Potential im Vergleich zu kleinen und mittleren Unternehmen aber weit hinter ihrem ökonomischen Potential zurückbleibt.

Von betrieblicher Seite ist zu überlegen, inwieweit ausscheidende Mitarbeiter durch Förderung einer Existenzgründung unterstützt werden können. Dabei kann es sich um Ausgründungen, joint ventures oder auch Neugründungen handeln. Möglichkeiten, die Existenzgründer zu unterstützen, bestehen für die Betriebe unter anderem im Transfer von Knowhow, in der Überlassung von Betriebsmitteln oder Räumen, in der Überlassung oder Vermittlung von Kunden oder auch in der direkten finanziellen Unterstützung (kostengünstige Kredite).
Auch die gewerkschaftliche Seite sollte ihre kritische Haltung gegenüber Existenzgründungen - soweit es sich nicht um sogenannte Scheinselbständige handelt - aufgeben.

Von Seiten des Bundes und der Länder werden bereits erhebliche Anstrengungen unternommen, um Existenzgründungen zu fördern. Überbrückungsgeld bei Gründungen aus der Arbeitslosigkeit, Lohnkostenzuschüsse bei Neueinstellungen und Beratungsangebote sollen den Einstieg in eine selbständige Erwerbstätigkeit erleichtern. Hier wird es darauf ankommen, immer noch bestehende Barrieren, die es potentiellen Existenzgründern erschweren, Beratungsangebote in Anspruch zu nehmen, zu beseitigen. Zielgruppenspezifische Angebote könnten hier Abhilfe schaffen. Außerdem können weiter steuerliche Vergünstigungen in den ersten Jahren und ein erleichterter Zugang zu Startkapital (auch in geringeren Summen) den Schritt in die Selbständigkeit beschleunigen.

These 10   **Die Zahl der Arbeitsverhältnisse, die nicht mehr der tradierten Norm entsprechen, wird zunehmen. Besonders im Bereich der firmeninternen („Einsatzbetriebe") und firmenexternen Leiharbeit wird es weitere Zuwächse geben.**

Neue Branchen jenseits der klassischen Organisationsstrukturen und der eindeutigen Tarifzuständigkeiten verlangen neue tarifpolitische Regelungen. Der bisheriger Schutz dieser neuen Arbeitsverhältnisse und -formen durch Tarifverträge ist unzureichend.

Besonders im Bereich der Leiharbeit waren die Aussagen der Arbeitnehmerseite bisher immer von starkem Misstrauen geprägt. Durch die starke Ausbreitung kommerzieller und nichtkommerzieller (Initiative START) Verleihfirmen in den letzten Jahren werden die Sozialpartner nicht umhinkommen, hier verbesserte Regelungen zur Sicherung der Arbeitsbedingungen und des Einkommens der Mitarbeiter zu vereinbaren.

Auch der Einsatz von freigestellten Mitarbeitern in eigenständigen aber konzerninternen Einsatzbetrieben wird zunehmen. Auch hier kommt es darauf an, für die Betroffenen vertretbare tarifliche Rahmenbedingungen zu schaffen. Auch dort, wo die Mitarbeiter von Einsatzbetrieben ihren Kollegen in anderen Bereichen des Konzerns nicht gleichgestellt werden können, ist zu überlegen, ob diese Lösung gegenüber der Arbeitslosigkeit nicht die bessere Lösung darstellt.

Nach SGB III § 177 können Mitarbeiter einer betriebsorganisatorisch eigenständigen Einheit höchstens für die Dauer eines Jahres Kurzarbeitergeld beziehen. Diese Zeitdauer ist für den Einsatz der Mitarbeiter in der Arbeitnehmerüberlassung, insbesondere, wenn diese mit dem Ziel der Vermittlung betrieben wird, zu kurz. Hier sind die entsprechenden gesetzlichen Regelungen zu überdenken.

These 11   **Die frühzeitige betriebsnahe Intervention bei drohendem Arbeitsplatzverlust erspart spätere gesamtgesellschaftliche Kosten bei der Bundesanstalt für Arbeit, den Kommunen etc.**

Die Unternehmen, und insbesondere die Großunternehmen, bleiben aufgefordert, frühzeitig auf Krisen in der Branche und / oder im Unternehmen zu reagieren und drohenden Arbeitsplatzverlusten entgegenzuwirken.

Die Sozialpartner können durch gegenseitige Information und frühzeitiges Reagieren auf innerbetriebliche Veränderungen betriebsnahe Intervention anstoßen und die Mitarbeiter von ihrer Notwendigkeit überzeugen.

An den Gesetzgeber ist zu appellieren, mit den Mitteln der Bundesanstalt für Arbeit verstärkt präventive und betriebsnahe Maßnahmen der Arbeitsmarktpolitik zu fördern. Dort, wo sich durch frühzeitige Qualifizierungsmaßnahmen, betriebliche Umstrukturierungen etc. Arbeitsplätze gesichert werden können, lassen sich erhebliche Kosten bei der BA aber auch bei den Kommunen (Sozialhilfe) einsparen.

These 12   **Arbeitsmarktpolitische Maßnahmen sollten feste, für die Beteiligten transparente Ziele verfolgen. Zielpluralität mit konkurrierenden Zielsetzungen wirken sich auf den Erfolg der Maßnahmen negativ aus.**

Wie das Beispiel Case-Germany gezeigt hat, wirken sich bei arbeitsmarktpolitischen Maßnahmen miteinander konkurrierende Zielsetzungen ausgesprochen negativ auf den Erfolg dieser Angebote aus. Ziele wie „Orientierung der Mitarbeiter auf den externen Arbeitsmarkt" und „Aufrechterhaltung der betrieblichen Produktivität bis zur Betriebsschließung" sind kaum miteinander zu vereinbaren.

Hier müssen die Betriebspartner bereits im Vorfeld Vereinbarungen über die Rangfolge der gesteckten Ziele treffen und gegebenenfalls auch die im Sozialplan getroffenen Vereinbarungen an diesen Zielen ausrichten. So hat sich im Beispiel Case die Aufstockung der Abfindungen beim längeren Verweilen im Betrieb äußerst negativ auf die Mobilitätsbereitschaft der Mitarbeiter ausgewirkt. Beide Betriebspartner müssen die Betroffenen über die vereinbarten Zielsetzungen informieren.

Auch öffentliche Stellen, die arbeitsmarktpolitische Maßnahmen finanziell oder ideell unterstützen, müssen dazu beitragen, dass es nicht zu widersprüchlichen Zielvereinbarungen kommt.

These 13   **Für die Praxis der betrieblichen Arbeitsmarktpolitik gestalten sich viele Förderinstrumente öffentlicher Stellen zu kompliziert und zu wenig aufeinander abgestimmt.**

Für die arbeitsmarktpolitische Praxis ist es wichtig, auf die Möglichkeiten der öffentlichen Förderung schnell und unbürokratisch zugreifen zu können. Durch die Vielzahl der fördernden Stellen (EU, Bund, Land, BA, Kommunen ...) ist die Förderlandschaft für die arbeitsmarktpolitischen Praktiker, aber vor allem auch für die Beteiligten, zu unübersichtlich geworden. Hier sollten die Förderrichtlinien des Landes, des Bundes und der EU besser aufeinander abgestimmt werden. Zusätzliche Schwierigkeiten werden durch die unterschiedlichen Planungsrhythmen und durch unterschiedliche Entscheidungsparameter verschiedener Behörden verursacht. Durch ungeklärte Zuständigkeiten und ausbleibende Entscheidungen verzögern sich Maßnahmen oder werden sogar verhindert. Dies trägt nicht zum Vertrauen der Betroffenen in die für sie konzipierten Maßnahmen bei. Bei Maßnahmen, die mehrere Arbeitsamtsbezirke umfassen, macht die regionale Zuständigkeit verschiedener Arbeitsämter, mit zum Teil divergierender Entscheidungs- und Vergabepraxis, die Planung zusätzlich kompliziert.

Außerdem macht der ständige Wechsel in der Gesetzgebung, wie er zur Zeit vorzufinden ist, eine verbindliche Planung fast unmöglich.

Hier sollten auch die Sozialpartner, dort wo sie in Netzwerken und anderen Arbeitszusammenhängen mit öffentlichen Stellen zusammenarbeiten, versuchen, auf eine einfachere Förderlandschaft hinzuwirken.

These 14   **Beschäftigungsfördernde Einrichtung bedürfen einer Verankerung in der Region und in der Branche.**

Neben dem innerbetrieblichen Zusammenwirken der Sozialpartner ist eine Vernetzung mit anderen arbeitsmarktpolitischen Akteuren der Region und/oder der Branche (Kammern, Kommunen, Bildungsträger ...) unabdingbar.

Derartige regionale Netzwerke können zum Beispiel dazu beitragen, regionale Erhebungen des Qualifizierungsbedarfes vorzunehmen oder andere Früherkennungssysteme, wie sie zum Beispiel mit der Prospect-Methode von der Firma Activa in Enschede / NL entwickelt wurden, zu erproben und einzuführen.

Hier wird es darauf ankommen, arbeitsmarktpolitische Anstrengungen regional oder branchenspezifisch zu bündeln, Synergie-Potentiale zu nutzen und Doppelstrukturen zu vermeiden.

6.1.7 Vorschlag des Arbeitskreises Transfergesellschaften zur Verbesserung der Unterstützungsstruktur für Transfergesellschaften in NRW vom 25. August, 1999

Verbesserung der Unterstützungsstruktur für Transfergesellschaften in NRW

I.   Ausgangspunkt

Ein Schwerpunkt des „Bündnisses für Arbeit, Ausbildung und Wettbewerbsfähigkeit NRW" ist die Entwicklung bzw. Weiterentwicklung von Maßnahmen, die dazu beitragen, dass bei einem Personalabbau die Beschäftigten unmittelbar - unter Vermeidung von Arbeitslosigkeit - in neue Beschäftigungsverhältnisse vermittelt werden können und dadurch auch bestehende Personalengpässe bei expandieren Unternehmen behoben werden.

Der Auf- und Ausbau von „Transfergesellschaften" wird in diesem Zusammenhang als wichtigstes Instrument zur Verfolgung dieser Ziele benannt (s. Anlage: Erklärung vom 19.03.1999). Eine intensive Prüfung möglicher Alternativen zum Erhalt von Arbeitsplätzen in Unternehmen/Unternehmensumfeld sollte jeder Strategie und Maßnahme des Beschäftigungstransfers vorausgegangen sein.

II.   Auf- und Ausbau von „Transfergesellschaften"

Transfergesellschaften haben die Aufgabe, den Übergang der Beschäftigten in neue Erwerbsverhältnisse bedarfsgerecht zu unterstützen. Durch Maßnahmen, wie Bewerbungstraining, passgenaue Qualifizierung, Gründungsberatung, Probearbeitsverhältnisse, Information der Mitarbeiter über offene Stellen usw., ist ein Abstieg in die Arbeitslosigkeit zu vermeiden.

Die Aufgabenbeschreibung von Transfergesellschaften ist in der Erklärung vom 19.03.1999 skizziert. Ergänzendes Informationsmaterial stellt die G.I.B. und die GfW auf Anforderung zur Verfügung. Bei der konkreten Umsetzung sind die Erfahrungen mit vorhandenen Einrichtungen und Initiativen in den Regionen zu berücksichtigen.

III.   Bestehende Unterstützungsstrukturen

Zur Unterstützung von Transfergesellschaften in NRW wurde im Rahmen des „Bündnisses für Arbeit, Ausbildung und Wettbewerbsfähigkeit NRW" der Arbeitskreis „Transfergesellschaften" eingerichtet. Der Arbeitskreis, in dem Vertreter der Arbeitgeber, der Gewerkschaften, der Landesregierung und des Landesarbeitsamtes vertreten sind, bietet Beratung und Unterstützung in Fragen der Förderung von

Transfergesellschaften, bei der Weiterentwicklung arbeitsmarktpolitischer Instrumente, beim Aufbau regionaler Kompetenznetzwerke sowie zur Verbesserung rechtlicher Rahmenbedingungen und der Öffentlichkeitsarbeit.

Konkrete Beratung in Einzelfällen können die Transfergesellschaften bei den bestehenden landesweiten Beratungseinrichtungen. (G.I.B., IAT, GfW, LAA) abrufen.

IV. Gründung einer Service-Agentur

Transfergesellschaften sind zeitlich befristete projektbezogene Organisationseinheiten, die häufig in kurzer Zeit gebildet werden müssen, um den betroffenen Arbeitnehmern und Unternehmen ein umfassendes arbeitsmarktpolitisches und administratives Know-how abrufbereit anbieten zu können. Aus der Erfahrung mit Umstrukturierungsprozessen in der Eisen- und Stahlindustrie und einer entsprechenden Vertragspolitik (Mitbestimmung, Sozialpläne, Verzicht auf betriebsbedingte Kündigungen ...) verfügen die Arbeitgeber- und Arbeitnehmervertreter dieser Branche über ein umfassendes Wissen über Reaktionsmöglichkeiten in Krisensituationen. Diese Fach- und Sachkompetenz soll schnell und praxisbezogen an neu entstehende Transfergesellschaften weitergegeben werden.

Hierzu soll eine Service-Agentur gegründet werden. Diese soll außerdem dazu beitragen, das neue arbeitsmarktpolitische Instrument „Transfergesellschaft" weiterzuentwickeln und regionale Kompetenznetzwerke bzw. projektbezogene Transfergesellschaften zu realisieren.

Die Service-Agentur soll durch einen Beirat (Steuerkreis), welcher sich aus Vertretern der betroffenen Unternehmen und Gewerkschaften zusammensetzt, begleitet werden.

Service-Agentur

Um eine kurzfristige und sachgerechte Unterstützung der Arbeitnehmer/Unternehmen sicherzustellen, sollte die Service-Agentur auf Dauer eingerichtet werden. Ihre festangestellten Mitarbeiter müssen über operatives Wissen aus Transfergesellschaften verfügen. Im Unterschied zu den Beratern bestehender Einrichtungen (Landesinstitute) beschränkt sich ihre Aufgabe auf die praktische Unterstützung beim Aufbau neuer Transfergesellschaften, was bedeutet, dass sie im konkreten Fall auch - zeitlich befristet - vor Ort tätig werden. Dies ist den Beratern anderer Einrichtungen nicht möglich.

Aufgaben der Service-Agentur

- Beratung in Anpassungsfällen

- Entwicklung von Programmen und neuen Ideen

- Unterstützung der Personalqualifizierung in den Transfergesellschaften
- Beratung bei der Vergabe von Aufträgen
- Entwicklung von Qualitätsstandards und Anforderungsprofilen
- Unterstützung von regionalen Strukturen
- Öffentlichkeitsarbeit

Beirat

Der Beirat (Steuerkreis) setzt sich aus Vertretern der betroffenen Unternehmen und Gewerkschaften zusammen und hat die Aufgaben,

- die Geschäftspolitik und die arbeitsmarktpolitischen Zielsetzungen der Service-Agentur zu überwachen und zu steuern
- die Jahresplanung und das Jahresbudget zu verabschieden.

Finanzierung

Die Anschubfinanzierung soll von den Unternehmen über Arbeitgeberverbände, Wirtschaftsvereinigungen u. ä. Institutionen geleistet werden.

Die laufenden Kosten werden aus den Projektberatungen und durch die Unterstützung von Transfergesellschaften erwirtschaftet.

Organisation

Die Service-Agentur könnte als eigenständige Gesellschaft (GmbH) fungieren. Es ist auch möglich, sie einem Institut, wie z. B. G.I.B, zuzuordnen oder einer bestehenden Transfergesellschaft anzugliedern.

V. Regionale Kompetenznetzwerke

Neben der Unterstützungsstruktur auf Landesebene ist es erforderlich, regionale Kompetenznetzwerke einzurichten, bzw. auszubauen, damit durch diese die für Personal, Arbeitsmarktpolitik und Wirtschaftsförderung zuständigen Stellen gebündelt werden können.

Abb. 1 Unterstützungsstrukturen für Transfergesellschaften in NRW

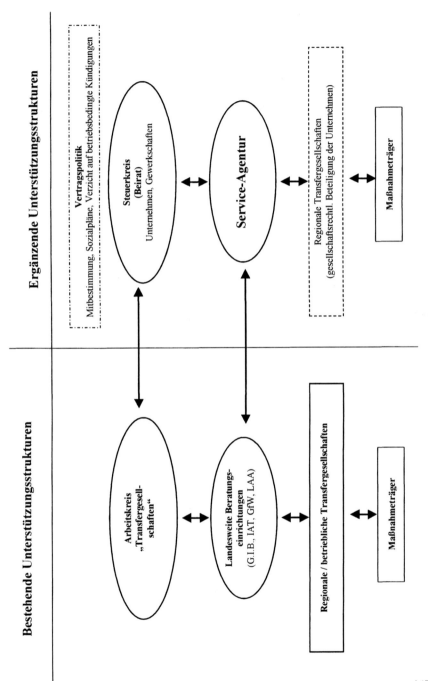

6.2 LITERATUR

6.2.1. Monographien

Arbeitgeberverband Stahl:
Jahresbericht 92/93, 93/94, 40. und 41. Geschäftsjahr, Düsseldorf 1994

**Arbeitsgemeinschaft Engere Mitarbeiter der Ar-
beitsdirektoren Stahl in der Hans-Böckler-Stiftung:**
Personalanpassung unter den neuen gesetzlichen
Voraussetzungen, Düsseldorf 1998

**Baur, Michaela / Buck, Gerhard / Kühnert, Uwe /
Schwegler-Rohmeis, Wolfgang:**
Zauberformel ABS? Entwicklung und Perspektiven
von Arbeitsförderungsgesellschaften - Das Beispiel
Brandenburg, Düsseldorf, 1995

**Bergmann, Christine / Bosch, Gerhardt / Knuth,
Matthias:**
Wenn Personalabbau droht - Perspektiven bieten! –
Beschäftigungspolitische Verantwortung der Unter
nehmen und die Schaffung von Brücken in den Ar-
beitsmarkt, Berlin, 1995

Berthel, Jürgen / Kneerich, Oliver:
Vermeidung von Arbeitslosigkeit bei Massenentlas-
sungen aufgrund von (Teil-) Betriebsstillegungen –
Gestaltungsempfehlungen für betriebliche Maßnah-
men zur erfolgreichen beruflichen Neuorientierung.
Personalwirtschaftlicher Teil, Siegen, 1998

Besselmann, K. / Machalowski, G. / Ochs, Ch. / Seifert, H.:

Kurzarbeit und Qualifizierung. Bedingungen und Gestaltungsmöglichkeiten der Kurzarbeit zur Nutzung der beruflichen Qualifizierung. Ergebnisse einer Untersuchung im Auftrag des BMA,   Bonn, 1993

Bosch, Gerhard:

Der Arbeitsmarkt bis zum Jahre 2010 – Ökonomische und soziale Entwicklung, Gelsenkirchen, 1996

Brühl, Norbert:

Personalabbau und Altersstruktur - eine betriebswirtschaftliche Analyse, München, 1997

Bundesarbeitgeberverband Chemie e.V. (BAVC):

Transfer-Sozialplan. Neues Denken und neue Wege zur gemeinsamen Gestaltung des Strukturwandels in der chemischen Industrie, Wiesbaden 1998

Bundesarbeitsgemeinschaft Arbeit:

Qualitätssicherung und Innovation – Zukunftschancen von Beschäftigungs-, Qualifizierungs- und Vermittlungsgesellschaften. Jahrestagung der Bundesarbeitsgemeinschaft Arbeit am 2. und 3. Mai 1996 in der Evangelischen Akademie Hofgeismar. Tagungsband, Berlin, 1996

Bundesminister für Arbeit und Sozialordnung (Hrsg.):

Arbeitsmarktpolitische Potentiale und Perspektiven von Gesellschaften zur Arbeitsförderung, Beschäftigung und Strukturentwicklung (ABS), Gelsenkirchen, 1992

Bundesministerium für Arbeit und Sozialordnung (Hrsg.):
Mobilzeit - Arbeiten in neuen, zeitgemäßen Formen - Entscheidungshilfen für Arbeitgeber, Bonn, 1998

Bundesministerium für Wirtschaft:
Chancen und Risiken der Existenzgründung Materialsammlung zum Fachkongreß "Existenzgründungsberatung" des Bundesministeriums für Wirtschaft am 13. September in Dresden, Bonn, 1996

Case Germany GmbH:
Berufliche Neuorientierung vom Personalabbau Betroffener, Neuss, 1997

Deutscher Gewerkschaftsbund (Hrsg.):
Wenn Personalabbau droht - Beschäftigungshilfen bei betrieblichen Krisen, Düsseldorf, 1998

Ewert, Peter:
Fördermöglichkeiten für von Entlassung Bedrohte auf der Grundlage des Arbeitsförderungsgesetzes – Bisherige Nutzung und zukünftige Möglichkeiten, G.I.B. Bottrop, 1997

Farrenkopf, Michael / Przigoda, Stefan:
Schwarzes Silber - Die Geschichte des Steinkohlenbergwerks Sophia-Jacoba, Hückelhoven, 1997

Forschungsinstitut für Wirtschaftspolitik (Hrsg.):
Wirkungen von tariflichen Maßnahmen auf die Beschäftigung, Gutachten, Mainz, 1996

**Forschungs- und Ausbildungszentrum für Arbeit
und Technik - FAZAT Steyr:**
Wirtschaftsstandort Steyr. Internet:
http://ris.at/fazat/STANDORT/default.htm,
23. Oktober 1997

Franz, Hans-Werner:
Handbuch Soziales Krisenmanagement bei Kohle
und Stahl. Europäische Modelle und Erfahrungen.
Amt für Veröffentlichungen der Europäischen Ge-
meinschaften, Luxemburg, 1993

Gaugler, Eduard:
Dienstleistungsangebote externer Personalberater
für das Personalmanagement, in:
**Institut für Arbeitsmarkt- und Berufsfor-
schung (Hrsg.):**
Theorie und Praxis der Beratung. Beratung in
Schule, Familie, Beruf und Betrieb, Nürnberg, 1996,
S. 261-271

Gerdes, Johann:
Folgen und Prozess des Belegschaftsabbaus in Be-
trieben der neuen Bundesländer, in:
Andreß, Hans-Jürgen (Hrsg.):
Fünf Jahre danach. Zur Entwicklung von Arbeits-
markt und Sozialstruktur im vereinten Deutschland,
Berlin, 1996, S. 303-332

Gerntke, Axel:

Neugestaltung von Sozialplänen. In:
Institut Arbeit und Technik (Hrsg.):
Personalpolitische Verantwortung im wirtschaftli-
chen Strukturwandel – -Berufliche Neuorientierung
bei Personalabbau. Eine Dokumentation des Sympo-
siums am 22. April 1997 am Institut Arbeit und
Technik, Gelsenkirchen, Wissenschaftszentrum
Nordrhein-Westfalen, Neuss, 1997, S. 1-33

**G.I.B. Gesellschaft für innovative Beschäftigungsför-
derung (Hrsg.)**:

Innovative Beschäftigungsförderung im regionalen
Strukturwandel - Ein Reader zum Workshop "Job
Transfer in europäischen Krisenregionen" am
14.11.1997, Bottrop, 1997

Gnahs, Dieter:

Die lernende Region als Bezugspunkt regionaler
Weiterbildungspolitik, Berlin, 1997

Hartmann, Friedrich:

Outplacement-Beratung - Beratung zur beruflichen
Neuorientierung. Hrsg. von der Hans-Böckler-
Stiftung, Manuskripte 221, Düsseldorf, 1997

Hausegger, Trude / Grottenthaler-Riedl, Gabi:

Standards zur Beurteilung von Berufsorientierungs-
maßnahmen. Endbericht an das Bundesministerium
für Arbeit und Soziales, Abteilung III/13, Wien, 1995

Heinelt, Hubert / Weck, Michael:

Arbeitsmarktpolitik - vom Vereinigungskonsens zur Standortdebatte, Opladen, 1998

Hemmer, Edmund:

Sozialpläne und Personalanpassungsmaßnahmen – eine empirische Untersuchung, Köln, 1997

Hilbert, Josef:

Vom „runden Tisch" zur innovativen Allianz? Stand und Perspektiven des Zusammenspiels von Regionalen Innovationssystemen und Qualifizierung, Berlin, 1997

Hild, Paul:

Netzwerke der lokalen Arbeitsmarktpolitik - Steuerungsprobleme in theoretischer und empirischer Sicht, Berlin, 1997

Horejs, Irene:

Jobtransfer - Frühzeitige und betriebsnahe Arbeitsmarktpolitik - Modelle und Fallbeispiele aus 5 europäischen Ländern - Deutsche Kurzfassung, Wien, 1998

Institut Arbeit und Technik (Hrsg.):

Jahrbuch 1995, Gelsenkirchen, 1996

Institut Arbeit und Technik (Hrsg.):

START Zeitarbeit NRW zwischen Sozialverträglichkeit und Wirtschaftlichkeit - zweiter Zwischenbericht der fachlichen Begleitung, Gelsenkirchen, 1998

Institut Arbeit und Technik, konsalt Gmbh, Rat & Plan GbR (Hrsg.):
>
> Evaluation der arbeitsmarktpolitischen Flankierung der Umstrukturierung ehemaliger Vulkan-Unternehmen - Vorläufiger Abschlussbericht, Hamburg und Gelsenkirchen, 1998

Institut Arbeit und Technik:
>
> Personalpolitische Verantwortung im wirtschaftlichen Strukturwandel – Berufliche Neuorientierung bei Personalabbau. Eine Dokumentation des Symposiums am 22. April 1997 am Institut Arbeit und Technik, Gelsenkirchen, Wissenschaftszentrum Nordrhein-Westfalen. Hrsg. von der Case Germany GmbH, Schriftenreihe Betriebswirtschaftliche Studien, Neuss, 1997

Institut für Arbeitsmarkt- und Berufsforschung (Hrsg.):
>
> Arbeitnehmerüberlassung in Vermittlungsabsicht - Start oder Fehlstart eines arbeitsmarktpolitischen Modells in Deutschland? Nürnberg, 1997

Kehlenbach, Hans-Peter:
>
> Neue Strategien im Rahmen von Betriebsschließungen - lokale Optimierung bis zum letzten Tag, in:
> **Institut Arbeit und Technik (Hrsg.):**
> Personalpolitische Verantwortung im wirtschaftlichen Strukturwandel – Berufliche Neuorientierung bei Personalabbau. Eine Dokumentation des Symposiums am 22. April 1997 am Institut Arbeit und Technik, Gelsenkirchen, Wissenschaftszentrum

Nordrhein-Westfalen, Neuss, 1997, S. 1-33

Knuth, Matthias:

Drehscheiben im Strukturwandel - Agenturen für
Mobilitäts-, Arbeits- und Strukturförderung,
Berlin, 1996

Knuth, Matthias:

Sozialplanpolitik am Wendepunkt - Übersicht aktu-
eller gesetzlicher Änderungen, Gelsenkirchen, 1997

Knuth, Matthias:

Von der „Lebensstellung" zur nachhaltigen Beschäftigungsfähigkeit. Sind wir auf dem Weg zum Hochge-
schwindigkeitsarbeitsmarkt? In:
Bosch, Gerhard (Hrsg.): Zukunft der Erwerbsarbeit. Strategien für Arbeit und Umwelt,
Frankfurt am Main, 1998

Knuth, Matthias:

Zwei Jahre ABS-Gesellschaften in den neuen Bundesländern - Ergebnisse einer schriftlichen Befragung im November 1993, Gelsenkirchen, 1994

Knuth, Matthias / Stolz, Günter:

Handlungsleitfaden Sanierungsstrategien und Arbeitsmarkthilfen bei Beschäftigungskrisen,
Gelsenkirchen, 1998

Knuth, Matthias / Vanselow, Achim:

Über den Sozialplan hinaus - Neue Beschäftigungsperspektiven bei Personalabbau, Berlin, 1995

Knöchel, Wolfram / Trier, Matthias:
  Arbeitslosigkeit und Qualifikationsentwicklung –
  Perspektiven der beruflichen Weiterbildung in einer
  Gesellschaft im Übergang,
  Münster / New York, 1995

**Kommission für Zukunftsfragen der Freistaaten
Bayern und Sachsen (Hrsg.)**:
  Erwerbsarbeit und Arbeitslosigkeit in Deutschland –
  Entwicklung, Ursachen und Maßnahmen. Anlage-
  band 2: Einfluss des technischen Fortschritts auf die
  Beschäftigung sowie Wirkungen der Arbeitsmarkt-
  und Beschäftigungspolitik, Bonn, 1998

**Kommission für Zukunftsfragen der Freistaaten
Bayern und Sachsen (Hrsg.)**:
  Erwerbstätigkeit und Arbeitslosigkeit in Deutsch-
  land - Entwicklung, Ursachen und Maßnahmen.
  Teil 3: Maßnahmen zur Verbesserung der Beschäfti-
  gungslage, Bonn, 1997

konsalt:
  Evaluation der Innovations- und Qualifizierungsgesellschaft mbH Wedel. Abschlussbericht, 1998

Kopp, Ralf:
  Qualifikationspotentialanalyse (QPA) als Instrument
  zur Angleichung von qualifikatorischen Voraussetzungen von Belegschaftsgruppen an die Entwicklung
  der Qualifikationsnachfrage auf regionalen Arbeits-
  märkten – durchgeführt am Beispiel von JI Case,

Neuss. Sozialforschungsstelle Dortmund, Landesin-
stitut, durchgeführt im Auftrag der Hans-Böckler-
Stiftung und der Firma JI Case, 1995

Lichte, Rainer:
Qualifizierungszentren als Motor regionaler Entwicklung?, Berlin, 1997

Loop, Ludger / Paulsen, Hartwig:
Personalentwicklung als strategisches Management –
Ein Handlungsleitfaden unter besonderer Berück-
sichtigung der Metall- und Elektroindustrie,
Berlin, 1995

Maag, Andrea:
Motivation und Akzeptanz als Basis für eine wirksame Beschäftigungsbefähigung, Neuss, 1996

Maliszewski, Bärbel:
Beschäftigungs- und Qualifizierungsinitiativen in den
neuen Bundesländern – Ein Produkt aus dem
ADAPT-Project CRETA "Aktive Beschäftigungspolitik in Betrieb und Region", Düsseldorf, o. Jg.

Maliszewski, Bärbel:
Innovative Beschäftigungsförderung und Struktur-
entwicklung - Elf Beispiele aus der Praxis,
Düsseldorf, 1996

Meyer, Cord:
Die Sozialplanrichtlinien der Treuhandanstalt,
Opladen, 1996

Ministerium für Arbeit, Gesundheit und Soziales NRW (Hrsg.):

Arbeitslose, Langzeitarbeitslose und ihre Familien, Düsseldorf, 1998

Montada, Leo (Hrsg.):

Beschäftigungspolitik zwischen Effizienz und Gerechtigkeit, Frankfurt am Main, 1997

Muth, Josef:

Vermeidung von Arbeitslosigkeit bei Massenentlassungen aufgrund von (Teil-) Betriebsstillegungen – Gestaltungsempfehlungen für betriebliche Maßnahmen zur erfolgreichen beruflichen Neuorientierung – Arbeitsmarktpolitischer Teil, Gelsenkirchen, 1998

Muth, Josef / Schumann, Diana:

Verzahnungsmöglichkeiten von betrieblicher Personalpolitik und öffentlicher Arbeitsmarktpolitik. Institut Arbeit und Technik. Projekt-Abschlussbericht, Gelsenkirchen, 1998

ÖSB-Unternehmensberatung Gesellschaft m.b.H. (Hrsg.):

Erfolgsinstrument Arbeitsstiftung - Fünf Jahre Entwicklung, Beratung und Management von Arbeitsstiftungen gemeinsam mit dem Arbeitsmarktservice Steiermark und Land Steiermark, Wien, o.Jg.

ÖSB-Unternehmensberatung Gesellschaft m.b.H.:

Die Arbeitsstiftung - Eine Information des Arbeitsmarktservice Österreich und der ÖSB-Unternehmensberatung Gesellschaft m.b.H., Wien, 1994/95

Pietsch, Norbert:

Erfahrungen aus fünf Jahren erfolgreicher Tätigkeit der Wirtschaftsentwicklungs- und Qualifizierungsgesellschaft mbH (Wequa GmbH) als eine der größten "Auffanggesellschaften" bei der Umstrukturierung großer Staatsbetriebe in Ostdeutschland, Lauchhammer, 1997

RKW Bremen, Wirtschaftsförderungsgesellschaft der Freien Hansestadt Bremen GmbH:

Vom Vulkan in die Selbständigkeit, Bremen, o. Jg.

Rifkin, Jeremy:

Das Ende der Arbeit und ihre Zukunft, Frankfurt am Main, 1996

Sadowski, Dieter (Hrsg.):

Vorschläge jenseits der Lohnpolitik - Optionen für mehr Beschäftigung, Frankfurt am Main, 1997

Seligman, Michael:

Die AFG Reform 97/98 - Instrumente – Auswirkungen - Thesen, Bottrop, 1996

Sozialministerium des Landes Mecklenburg-Vorpommern:

Evaluation des Programms zur modellhaften Förderung von Beschäftigungund Qualifizierung von Arbeitnehmern und Arbeitnehmerinnen in marktorientierten Arbeitsförderbetrieben – Zwischenbericht, Schwerin, 1997

Staat, Matthias:
Empirische Evaluation von Fortbildung und Um-
schulung, Baden-Baden,   1997

Stricker, Monika:
Beschäftigungssicherung und Mobilitätsförderung in
den USA, Neuss, 1997

Trube, Achim:
Zur Theorie und Empirie des Zweiten Arbeitsmarktes - Exemplarische Erörterungen und praktische
Versuche zur sozioökonomischen Bewertung loka-
ler Beschäftigungsförderung, Münster, 1997

Vanselow, Achim:
Die Gemeinschaftsinitiative „Integration von Be-
schäftigten der Kohle- und Stahlindustrie in das
Handwerk" - Möglichkeiten und Grenzen des be-
gleiteten Übergangs in neue Beschäftigung. Institut
Arbeit und Technik. Gelsenkirchen, 1995

**Winkler, Albrecht / Knappe, Eckard / Niehaus, Ma-
thilde:**
START in Deutschland: eine Brücke in reguläre
Beschäftigung für arbeitslose Schwerbehinderte? In:
Montada, Leo (Hrsg.):
Behinderte auf dem Arbeitsmarkt. Wege aus dem
Abseits, Frankfurt am Main, 1997, S. 54-74

Wissenschaftliche Arbeitsstelle Oswald-von-Nell-Breuninig-Haus und Forum der Arbeit (Hrsg.):
Sophia-Jacoba: Das Ende des Aachener Reviers.
Dokumentation und Nachbetrachtung der Veran-
staltungen zur Schließung der Zeche Sophia-Jacoba
im Aktionsmonat März`97, Herzogenrath, 1997

Zentrum für Arbeit und Beschäftigung (Hrsg.):
Eine Dokumentation des Symposiums „Personalpolitische Verantwortung im wirtschaftlichen Strukturwandel" - „Berufliche Neuorientierung bei Personalabbau", Neuss, 1997

3.1.1 Beiträge aus Fachpublikationen und Zeitungsartikeln, Vorträge, andere Medien

Ant, Marc:

Jobrotation - ein neues Zeitmodell zur Bekämpfung der Arbeitslosigkeit? In:
Grundlagen der Weiterbildung, Jg. 8, Heft 4, 1997, S. 160-166

Arbeitskreis „Transfergesellschaften":

Gemeinsamen Erklärung des nordrhein-westfälischen Handwerkstages, der Vereinigung der Industrie- und Handelskammern, der Landesvereinigung der Arbeitgeberverbände NRW e.V., des IG Metall Bezirks NRW, der HBV Landesleitung NRW, des DGB Landesbezirks NRW und der Landesregierung NRW, März 1999 zu Transfergesellschaften in NRW, Manuskript, Düsseldorf 1999

Bartel, Hans-Joachim:

Eine Beschäftigungsgesellschaft in der Strukturkrisenindustrie am Beispiel Dornier – Arbeitspapier eines Vortrages, gehalten auf der Konferenz „Alternativen zum Personalabbau" am 24. 11. 1998 in Frankfurt.

Berthold, Norbert / Fehn, Rainer:

Aktive Arbeitsmarktpolitik - wirksames Instrument der Beschäftigungspolitik oder politische Beruhigungspille? In: **ORDO**, Bd. 48, 1997, S. 411-436

Bieback, Karl-Jürgen:

Der Umbau der Arbeitsförderung - das neue Sozialgesetzbuch III – Arbeitsförderung von 1996/7, in:
Kritische Justiz, Jg. 30, Heft 1, 1997, S. 15-29

Bosch, Gerhard:

Wenn Personalabbau droht - Möglichkeiten einer
aktiven betrieblichen Personal- und Arbeitsmarktpolitik, in:
WSI-Mitteilungen, 7/95, 1995, S. 422-430

Brinkmann, Christian / Kress, Ulrike:

Reformierung der Arbeitsförderung - Sozialabbau
oder Finanzierung des Strukturwandels, in:
**Informationen für die Beratungs- und Ver-
mittlungsdienste der Bundesanstalt für Arbeit**, Heft 30, 1997, S. 2279-2290

Brinkmann, Christian:

Regionalisierung der Arbeitsmarktpolitik, in:
**Informationen für die Beratungs- und Ver-
mittlungsdienste**,
Heft 17 v. 29.04.1998, S. 1763-1771

Bundesministerium für Arbeit und Sozialordnung:

Einsatz und Erfolg arbeitsmarktpolitischer Förderinstrumente zur Verminderung der Arbeitslosigkeit in
den vergangenen sechs Monaten – Kleine Anfrage
der Gruppe der PDS, Deutscher Bundestag, Drucksachen 13/5450, 1996, S. 1-54

Bundesministerium für Bildung, Wissenschaft, Forschung und Technologie:

Lebensbegleitendes Lernen - Situation und Perspektiven der beruflichen Weiterbildung, Deutscher Bundestag, Drucksachen 13/8527 v. 17.09.1997

Case Germany GmbH (Hrsg.):

Personalpolitische Verantwortung im wirtschaftlichen Strukturwandel – Berufliche Neuorientierung bei Personalabbau. Dokumentation des gleichnamigen Symposiums am 27. April 1997 am Institut Arbeit und Technik, Gelsenkirchen, 1997

Clever, Peter:

Sozialgesetzbuch III - das neue Recht der Arbeitsförderung, in:
Zeitschrift für Sozialhilfe und Sozialgesetzbuch, Jg. 37, Heft 1, 1998, S. 3-21

Coers, Dirk:

Entwicklung neuer Beschäftigungsperspektiven als Antwort auf Unterbeschäftigung am Beispiel der Volkswagen AG - Arbeitspapier eines Vortrages gehalten auf der Konferenz „Alternativen zum Personalabbau" am 24. 11. 1998 in Frankfurt

Cohen, Daniel:

Zu den Verlierern gehören unqualifizierte Arbeiter in reichen Ländern, in:
Frankfurter Rundschau 04.05.1998, S. 11

Davids, Sabine:

Plädoyer für mehr Personalentwicklung in Beschäftigungsgesellschaften, in:
Forum Arbeit, Nr. 1, 1997, S. 16-21

Davids, Sabine:

Personalentwicklung in Beschäftigungsgesellschaften, in:
Berufsbildung in Wissenschaft und Praxis,
Jg. 27, Heft 1, 1998, S. 26-31

Dries, Christian:

Vom Outplacement zum Newplacement - ein Projektbericht aus der Praxis, in:
Personal, Jg. 49, Heft 9, 1997, S. 448-452

Eigler, Joachim:

Fehlsteuerungen durch hektischen Personalabbau in der Krise, in:
Personal, Jg. 49, Heft 4, 1997, S. 176-179

Feuerborn, Andreas / Hamann, Wolfgang:

Liberalisierung der Arbeitnehmerüberlassung durch das Arbeitsförderungs-Reformgesetz, in:
Betriebs-Berater,
Jg. 52, Heft 49, 1997, S. 2530-2535

Geisler, Günter:

Ansätze zur Beschäftigungssicherung durch neuere Formen industrieller Organisation als eine Alternative zur bisherigen Vorruhestandsregelung in der deutschen Stahlindustrie, in:

Sozialer Fortschritt,
Jg. 46, Heft 8, 1997, S. 178-183

Gesterkamp, Thomas / Wiedemeyer, Michael:
Das Schlagwort von der neuen Arbeit - Eine Idee
beißt sich mit der Realität,
in: **Frankfurter Rundschau** 21.11.98, S. 13

**G.I.B. Gesellschaft für innovative Beschäftigungsför-
derung gGmbH**:
Praxis des JobTransfers in NRW, Manuskript,
Bottrop 1999

**G.I.B. Gesellschaft für innovative Beschäftigungsför-
derung gGmbH**:
Transfergesellschaften zur Unterstützung betrieblicher Personalanpassungsprozesse, Manuskript,
Bottrop 1999

**G.I.B. Gesellschaft für innovative Beschäftigungsför-
derung gGmbH (Hrsg.)**:
QUATRO & ADAPT Projekte und Ergebnisse,
CD-Rom, Bottrop 1999

Groß, Hermann:
Wie aus Überstunden zusätzliche Arbeitsplätze
werden, in:
Frankfurter Rundschau 18.02.98,

Haberkern, Karl-Heinz:
TransFair - Arbeitspapier eines Vortrages gehalten
auf der Konferenz „Alternativen zum Personalab-

bau" am 24. 11. 1998 in Frankfurt

Hanau, Peter:
Der Eingliederungsvertrag - ein Instrument der Arbeitsförderung, in:
Der Betrieb, Jg. 50, Heft 25, 1997, S. 1278-1281

Heimann, Doris:
Sozialplan plus Qualifizierung, in:
Mitbestimmung 4/97

Hemmer, Edmund:
Neuere Strategien bei Personalumstrukturierungen, in: **Personal**, Jg. 49, Heft 6, 1997, S. 280-285

Hoffmann, Edeltraut / Walwei, Ulrich:
Beschäftigung: Formenvielfalt als Perspektive? - Teil 1. Längerfristige Entwicklung von Erwerbsformen in Westdeutschland, in:
IAB- Kurzbericht, Nr. 2, 1998

Industriegewerkschaft Bergbau, Chemie, Energie (Hrsg.):
Transfer-Sozialplan - Chemie Sozialpartner erschließen arbeitsmarktpolitisches Neuland, in:
Medienforum II/20, 29.05.1998

Jung, Kurt-Willi:
Überstunden durch befristete Arbeit verringern, in:
Der Arbeitgeber, Jg. 50, Heft 7, 1998, S. 201-206

Kamstra, Frederik:
Die Prospect Methode - Ein Instrument zur Steuerung des Arbeitsmarktes, in:
G.I.B.(Hrsg.): Qualifizierungsfelder der Zukunft –
Methoden der Bedarfsermittlung,
Bottrop, 1997, S. 41ff

Kehlenbach, Hans-Peter / Stricker, Monika:
Neue Wege im Umgang mit Personalfreisetzung –
Beispiel Case Germany GmbH, in:
Personalführung 5/96, S. 400ff

Kieckbusch, Michael:
PPS Personal-, Produktions- und Servicegesellschaft
mbh, Vortrag bei der Hans Böckler-Stiftung, Düsseldorf 1999

Kirsch, Janusz / Hendricks, Nicole:
15 Jahre Outplacement in Deutschland - Wie bewerten Unternehmen diese Dienstleistung? In:
Personalführung, Heft 11, 1995, S. 964-968

Klös, Hans-Peter:
Ansatzpunkte betrieblicher Arbeitsmarktpolitik, in:
Knuth, Matthias / Vanselow, Achim:
Über den Sozialplan hinaus, Berlin 1995

Klopfleisch, Roland / Sesselmeier, Werner / Setzer, Martin:
Wirksame Instrumente einer Arbeitsmarkt- und Beschäftigungspolitik, in:
Aus Politik und Zeitgeschichte,

Heft B 35, 1997, S. 23-32

Knuth, Matthias:

Über den Sozialplan hinaus - Aktivierung von Kurzarbeit und Sozialplan bei betrieblichen Beschäftigungskrisen, in:
Institut Arbeit und Technik (Hrsg): Jahrbuch
1995, Gelsenkirchen, 1996,
S. 126 - 141

Knuth, Matthias:

Sozialplanpolitik am Wendepunkt - Änderungen des
Arbeitsförderungsgesetzes und der Altersgrenzen,
in:
Soziale Sicherheit: Zeitschrift für Arbeitsmarkt-
und Sozialpolitik, Jg. 46, Heft 6, 1997, S. 201-208

Knuth, Matthias:

Betriebsnahe Arbeitsförderung bei Personalabbau.
Neue Aufgaben für Arbeitsförderungsgesellschaften,
in: **Akteur**, 9/98, 1998, S. 6-9

Knuth, Matthias:

Betriebsnahe Arbeitsförderung bei Personalabbau –
Neue Möglichkeiten im Arbeitsförderungsrecht, in:
brandaktuell, 1-2/98, 1998, S. 10/11

Lemke, Peter:

Group-Outplacement - Eine Chance für gekündigte
Arbeitnehmer, in:
Arbeitsrecht im Betrieb,
Heft 12, 1996, S. 691-694

Lingenfelder, Michael / Walz, Hartmut:
Struktur und Bewertung von Gruppenoutplacement, in:
Personalführung, Heft 7, 1989, S. 258-262

Marburger, Horst:
Das Recht der Arbeitsförderung im Dritten Buch des Sozialgesetzbuchs - ein Überblick, in:
Betriebs-Berater, Jg. 53, Heft 5, 1998, S. 266-269

Muth, Josef:
Case: Zentrum für Arbeit und Beschäftigung, in:
BR-Info 12/1996

Muth, Josef:
Das Zentrum für Arbeit und Beschäftigung (ZAB) der Case Germany GmbH Neuss. Ein betrieblicher Ansatz zur Förderung der beruflichen Mobilität im Vorfeld von Entlassungen, in:
GIB-Info, 4/96, 1996, S. 15-16

Neumann, Godehard /Spies, Bernd-Georg:
Ansätze betriebsbezogener Arbeitsmarktpolitik, in:
Knuth, Mattthias / Vanselow, Achim: Über den Sozialplan hinaus, Berlin 1995

Rudolph, Helmut / Schöder, Esther:
Arbeitnehmerüberlassung: Trends und Einsatzlogik, in:
Mitteilungen aus der Arbeitsmarkt- und Berufsforschung, Jg. 30,
Heft 1, 1997, S. 102-   126

Schindler, Frank / Freidinger, Guido:
Neue Chancen für Arbeitslose und Betriebe –
Lohnkostenzuschuß hilft Sozialhilfebedürftigen beim
Start in den ersten Arbeitsmarkt, in:
**Soziale Sicherheit. Zeitschrift für Arbeits-
markt- und Sozialpolitik**, Jg. 45,
Heft 7, 1996, S. 247-253

Schrader, Michael:
Bewältigung von Personalabbau durch Mobilitätsför-
derung - ein Ansatz frühzeitiger und betriebsnaher
Arbeitsmarktpolitik, in:
Arbeit. Zeitschrift für Arbeitsforschung, Arbeits-
gestaltung und Arbeitspolitik, Jg. 7,
Heft 1, 1998, S. 53-72

Schrader, Peter:
Der arbeitsrechtliche Gleichbehandlungsgrundsatz
im Sozialplan - eine Analyse der Rechtsprechung, in:
Der Betrieb, Jg. 50, Heft 34, 1997, S. 1714-1719

Schweikle, Johannes:
Die Überflüssigen - Es gibt zwei Klassen von Frührentnern: Gutversorgte Führungskräfte und geprellte Kleinverdiener, in:
Die Zeit, 5.11.98, S. 17

Schweres, Manfred:
Alterssozialpläne und Frühverrentung aus arbeits-
wissenschaftlicher Sicht, in:
Zeitschrift für Arbeitswissenschaft, Jg. 51,
Heft 2, 1997, S. 113-120

170

Siegers, Josef:
Arbeitsförderungs-Reformgesetz - AFRG - neue Instrumente zur beruflichen Integration von Arbeitslosen, in:
Personalführung, Jg. 30, Heft 10, 1997, S. 974-979

Steinke, Rudolf:
Die Reform des Arbeitsförderungsgesetzes (AFG) –
ein Schritt des Sozialabbaus oder ein Instrument zur
effektiveren Flankierung des Strukturwandels? in:
**Soziale Sicherheit. Zeitschrift für Arbeits-
markt- und Sozialpolitik**, Jg. 45, Heft 5, 1996,
S. 161-177

Stindt, Heinrich Meinhard:
Ziele, Anreize und Chancen des neuen Altersteil
zeitgesetzes. Die beschäftigungsfördernde Beant-
wortung der Wiederbesetzungsfrage, in:
Der Betrieb, Jg. 49, Heft 45, 1996, S. 2281-2287

Toparkus, Karsten:
Die wichtigsten Neuerungen des reformierten AFG
(SGB III) Vorstellung, Zweck, mögliche Folgeprob-
leme und Kritik der Hauptbestandteile der Reform
des Arbeitsförderungsrechts, in:
**Zeitschrift für Sozialhilfe und Sozialgesetz-
buch**, Jg. 36, Heft 7, 1997, S. 397-410

Voelzkow, Helmut:
Die ostdeutschen Beschäftigungsgesellschaften als
Koordinationsinstanzen zwischen Arbeitsmarktpoli-
tik und regionaler Strukturpolitik - eine wegweisen

de Innovation oder nur eine temporäre Über-
gangslösung im Transformationsprozess, in:
WSI- Mitteilungen, Jg. 49,
Heft 12, 1996, S. 736-744

Wagner, Ursula / Oyen, Renate:
Teilzeitarbeit, Zeitarbeit, Leiharbeit, in:
**Institut für Arbeitsmarkt- und Berufsfor-
schung (Hrsg.):** Literaturdokumentation zur Ar-
beitsmarkt- und Berufsforschung, Nr. 2, 1996

Walwei, Ulrich:
Koexistenz statt Monopol - Arbeitsvermittlung nach
der Liberalisierung, in:
WSI-Mitteilungen, Heft 8, 1997, S. 538-550

**Weber, Tina / Whitting, Gill / Sidaway, Jane / Moo-
re, Joanne**:
Employment policies and practices towards older
workers - France, Germany, Spain and Sweden, in:
**Labour market trends incorporating
employment gazette**, Vol. 105, No. 4, 1997, S.
143-148

Witek, Reinhard:
Maßnahmen zur Beschäftigungsfähigkeit, in:
Personalwirtschaft, Sonderheft Outplacement,
Heft 6, 1998, S. 49

Wolfinger, Claudia / Brinkmann, Christian:
Arbeitsmarktpolitik zur Unterstützung des Trans-
formationsprozesses in

Ostdeutschland, in:
Mitteilungen aus der Arbeitsmarkt- und Berufsforschung, Jg. 9, Heft 3, 1996, S. 331-348

Zweigbüro der IG Metall:
„Agentur Neue Arbeit" - Entwurf eines Modellprojektes, Manuskript, Düsseldorf 1999

ARBEIT IM UMBRUCH

Im Rahmen des transnationalen Projektes **JobTransfer Europe** hat die pragma gmbh fünf Fallstudien erarbeitet, die aktuelle arbeitsmarktpolische Fragen beleuchten. Die Ergebnisse erscheinen in einer Broschürenreihe **ARBEIT IM UMBRUCH**:

1. **Mobilitätsförderung für un- und angelernte Arbeitnehmer**

2. **Familien. Klein. Betriebe.**
   Die Besonderheiten von Familien-Kleinbetrieben und deren Konsequenzen für Betriebliche Innovationsprozesse

3. **Vom Sozialplan zur Transfergesellschaft**
   Förderinstrumente einer flexiblen und sozialverträglichen Arbeitsmarktpolitik in der deutschen Stahlindustrie

4. **„ Beschäftigungswunder"? Fakten und Faktoren**
   Ein internationaler Vergleich beschäftigungspolitisch erfolgreicher Länder

5. **Kein Job und doch in Arbeit**
   Freiwilligenarbeit als Werkzeug der Arbeitsmarktpolitik?

Die Broschüren erscheinen ab Mai 2000

Das Projekt JobTransfer Europe ist gefördert mit Mitteln der Europäischen Union und des Landes Nordrhein-Westfalen (Gemeinschaftsinitiative ADAPT).

Vertrieb:Fachmedien-Service Michael Vogt
Postfach 102828, 44728 Bochum
Tel. 0234/300-481, Fax –497
http://www.fachmedien-service.de
info@fachmedien-service.de

175

MATERIALIEN

...für

**LehrerInnen
DozentInnen
FortbildnerInnen
WeiterbildnerInnen
ReferentInnen
MultiplikatorInnen**

1. Mobilitätsförderung für un- und angelernte Arbeitnehmer

2. Familien. Klein. Betriebe.
Die Besonderheiten von Familien-Kleinbetrieben und deren Konsequenzen für betriebliche Innovationsprozesse

3. Vom Sozialplan zur Transfergesellschaft
Förderinstrumente einer flexiblen und sozialverträglichen Arbeitsmarktpolitik in der deutschen Stahlindustrie

4. „Beschäftigungswunder"? – Fakten und Faktoren
Ein internationaler Vergleich beschäftigungspolitisch erfolgreicher Länder

5. Kein Job und doch in Arbeit
Freiwilligenarbeit als Werkzeug der Arbeitsmarktpolitik?

Zu allen arbeitsmarktpolitischen Fallstudien, welche die pragma gmbh im Rahmen des ADAPT-Projekts Job Transfer Europe durchgeführt hat, sind Materialien erhältlich, die Sie für Ihre Bildungsveranstaltungen oder Ihren Unterricht nutzen können. Die Materialsammlungen enthalten jeweils Kopiervorlagen für OH-Folien bzw. Seminarmaterialien, Textblätter und Literaturtipps.

Die Materialien sind erhältlich ab Herbst 2000.

pragma

Vertrieb: Fachmedien-Service Michael Vogt
Postfach 102828, 44728 Bochum
Tel. 0234/300-481, Fax –497
http://www.fachmedien-service.de
info@fachmedien-service.de

controlling
für
kleinbetriebe
und
dienstleister

Von Oktober 1997 bis Februar 1998 führte die pragma GmbH ein Modellprojekt „Controlling in Kleinbetrieben" durch, bei dem mit drei Kleinbetrieben / Dienstleistern ein professionelles Controlling-System entwickelt und (teilweise) umgesetzt wurde. In der vorliegenden Broschüre sind Hintergründe, Verlauf und Erfahrungen aus den hier abgelaufenen Arbeitsprozessen zusammengefasst und dargestellt. Sie wendet sich in erster Linie an InhaberInnen und Geschäftsführer(innen) von Unternehmen mit etwa bis zu 30 Beschäftigten, die das Controlling ihres Betriebs verbessern möchten und an Beispielen und Erfahrungen interessiert sind sowie an Organisations- oder UnternehmensberaterInnen, die mit Kleinbetrieben arbeiten.

Das Projekt „Controlling in Kleinbetrieben" wurde gefördert mit Mitteln der EU und des Landes Nordrhein-Westfalen im Rahmen des QUATRO-Programms.

pragma

- - - - - - - - projektbericht - - - - - ►

Vertrieb: Fachmedien-Service Michael Vogt
Postfach 102828, 44728 Bochum
Tel. 0234/300-481, Fax –497
http://www.fachmedien-service.de
info@fachmedien-service.de

177